懶得教，這麼辦。

培養獨立自主的全自動孩子
百善惜為先的教育筆記

盧駿逸 著

目錄

惜惜第五部：自動自發

惜惜第六部：教育現場

惜惜第七部：愛的力量

推薦序

聆聽平凡中的不平凡

潘家欣（藝術家）

盧駿逸要出新書了，哇，我大喜。

不過，在說駿逸之前，先說說我的書櫃好了。

身為文字工作者，我的書櫃基本上是長年瀕臨土石流的狀態，後來實踐了斷捨離哲學之後，我開始定期讓這些土石流適度洩洪，也就是說每隔一個月，我就會捐出、回收，或是轉賣一部分我用不上的書籍。

其中我最先丟掉的，就是育兒書，不管是百歲醫生還是親密育兒還是一百種讓你小孩變超人的嬰兒副食品，都在第一時間就斷捨離之列，唯一留下的只有潘蜜拉·杜克曼（Pamela Druckerman）的《為什麼法國媽媽可以優雅喝咖啡，孩子不哭鬧？》，因為這本書實在太好笑了，對於各種當代教養神經質的嘲諷無懈可擊，我到現在也還會拿出來笑一下。

噢，還有，杜克曼那本書的書名，跟駿逸這本的長度有得拚，大概是寫讀書心得時會寫到翻白眼的長書名。

我想說的是，那些被我丟棄的書都有一個特點，都在闡述一個單純、淺薄的價值：「我把我的孩子教得好棒！」（而妳沒有，所以該死的最好馬上掏錢把這本書買回家。）

我的孩子蘑菇出生時，我非常害怕，因為我不知道怎麼面對這個人，她會喜歡我嗎？她會憎恨我嗎？我該如何當一個母親呢？因為我知道有些母親是不太適合當母親的，我好怕啊，所以我買了各種教派的育兒書。那些信仰教條互相矛盾、採用不精確的數據、引述相悖的宗教看法，就是沒有好好地去談：照顧小孩的人和小孩到底是個什麼關係？只有各種祈使句：「妳應該……」「妳最好……」「如果要成為成功的母親，妳得要做到……」這些指令書如洋芋片般容易下嚥，他們造成的不良影響如脂肪也難以從身上消除，後來我把他們全部丟進回收桶，對我浪費了那麼多金錢時間感到無限悔恨。

不過，駿逸的書，不是那種會被我丟進回收桶的書，因為這本書不是洋芋片。

二〇一六年開始，駿逸在SOSreader（現名Vocus方格子）上開始連載一系列文章，其中也包含了他與伴侶阿虎帶自己的小孩阿果成長的故事。駿逸的文字有種《銀河便車指南》的特質，我常常覺得他的專欄上面應該要有一個大大的 LED 招牌，上面寫著：「別慌！」

文章裡面沒有任何祈使句型，駿逸的教育法看似什麼都不做，但是那個「不做」「不教」「不堅持」的背後，有著百轉千迴的自我省視，有各種不厭其煩的對話再對話。駿逸以幽默詼諧的筆法，將這些說起來其實非常枯燥的哲學思辨，詳細記錄下來。其中，他尤其注重親子間的權力分配，大人可以強迫小孩嗎？大人可以騙小孩嗎？說起來，人類社會的形成，原本就是一場精密複雜的權力分配啊。

所以，駿逸不把孩子當成幼稚的個體，而是把孩子視為社會的一分子，也就是「人」來思考。從一開始就把盧果當成一個完整的「人」來對待，並且盡可能找到、趨近這個人的語言，摸索出一起相處、前進、成長的道路，這看似平凡、什麼也不做的「自學」，所花費的時間與心力，遠超過任何課程能夠給予的。

當然，這其中孕育出的親情，也是難以言喻的深厚。

我們何其幸運，可以透過這本書，觀看大人與孩子的奇幻自學旅程，細讀這個大人在一路上的求生筆記中，記載著那些平凡相處的不平凡：小至要不要讓孩子咬拖鞋、大至一個家庭的金錢預算究竟該如何分配，都充滿智慧。讀駿逸的書讓我想起娥蘇拉·勒瑰恩的《地海系列》小說或是《綠野仙蹤》，也重溫了自己成長中的那些懵懂、無解的難題，我們都在找回自己失落的真名，都是需要腦袋的稻草人、尋求勇氣的獅子、渴望擁有一顆心的錫人，以及，想回家的桃樂絲。

那麼，翻開這本書吧，歡迎回家。

推薦序

大人要學懶得教，小孩才能自己學

廖瞇（獨立教育工作者，寫詩的人）

最近在帶四到六歲小孩的學認字、寫字。我想這是沒有孩子的我，最接近盧駿逸的時刻。這篇推薦，我就不再重覆盧駿逸書中的內容，我想談談在我自己的課堂上，或許能與駿逸的經驗相呼應的部分。

二〇一八年十月，我開始帶一個自學團體的文字課，從第一堂課到我寫這篇稿子的現在，過了十週。我發現，十週後的現在，我腦袋與心裡所關心的事，已經跟第一週完全不一樣了。第一週我想的是，要教什麼？怎麼教？十週後的現在，我發現當我真的把小孩當作學習的主體時，「教什麼」與「怎麼教」，已經不是我最關心的事。在試著放手的過程中，我發現小孩自己會去發現與學習，而關於「學什麼」與「怎麼學」，將回到他們自己身上。

聽起來好像有點不切實際？我來舉個例。

先說，我前面說「試著放手」，其實是不得不放手。因為當我決定要小心使用

大人的權力，自然不存在課程會往我的期待走這件事。我的意思是，我其實也費心備了課，期待課程結果如預期發展，但問題是，小孩對那些東西的反應，不會完全符合我的期待。

比如某次課堂，我準備了「字的家族」的文字遊戲，嗯，遊戲內容我就不詳述了，直接說結果——小孩玩了一下下後，就有人說「我現在想要寫字」「我想玩上次那個動物牌」。我想好吧，「那你們想寫字的，你們想學什麼字，跟我說……」想寫字的小孩說，「我的字盒子裡面已經有很多字了，我想要先自己練習……」我說那好，那你們慢慢練習，我來陪另外兩個小孩玩文字遊戲。

兩個想要練習寫字的小孩寫字，兩個想要玩文字遊戲的小孩玩文字遊戲……但寫到一半那兩個本來在寫字的小孩突然跑去吃布丁了，我想著，嗯，要把他們叫回來嗎？還沒下課耶！當我正這麼想的時候，小孩回來了。

我觀察那兩個小孩，看起來還想寫字，但心情好像已經受到布丁影響而有點浮動；而另外兩個本來在玩文字遊戲的小孩看到布丁，也跑去吃布丁了。我想著，我是要現在先下課呢？還是要跟他們談談上課公約的事（小孩自己訂的公約，但關於「公約」又是另一件可談的事）？我正這麼想著的時候，我看見小孩A手中的布丁，我突然問他：

「你知道布丁怎麼寫嗎？」

「布丁？布……是不行的不嗎？」

我說不是耶，是別的ㄅㄨˋ。

A說，那是剪刀石頭布的布嗎？

我說對，是剪刀石頭布的「布」，「然後丁，是甲乙丙丁的丁」，我在黑板上寫下「布丁」兩字。

我一寫完丁，A就說，是丁丁藥局的丁嗎？

哈，真會聯想，我說對，是丁丁藥局的丁。聽到A說丁丁藥局的丁，我發現所以小孩其實平常都在看招牌啊！他們平常就在認字了，他們不是只有在文字課的時候學習認字。

因為A說的剪刀石頭布的「布」，丁丁藥局的「丁」，我突然想到或許可以玩文字接龍的遊戲，而這並不在我原本的計畫內。

我開始這個遊戲，而其他小孩也加入了，「丁丁藥局的局，局，局可以接什麼？」「橘色」「好，橘色。那色，色什麼？」「色彩」「好喔，色彩，那彩什麼？」

「彩虹小馬！」「好喔，彩虹小馬，那馬可以接什麼？」「馬偕醫院！」

除了小孩A，小孩B、C、D、E也加入了文字接龍的遊戲。我從他們接的詞發現，他們接的詞多半從自己的生活出發，比如街上的商店「丁丁藥局」，平常在看的卡通「彩虹小馬」，爸爸工作的地方「馬偕醫院」。

我想透過這個例子來說明，學習對小孩來說，是不分課堂跟日常的，而或許學的更多的時候是在日常。我這樣講，可能有人會提出質疑——你說學習存在於日常，但大人真的可以不用替小孩安排課程嗎？那你們又為什麼替小孩安排課程呢？這又是另一個複雜的議題。但我想先說的是——作為與小孩有關係的那個大人，不論是父母還是老師，就算不斷地提醒自己放寬心，但似乎還是會擔心——「他們這樣真的有學到東西嗎？」

我不是父母，我還只是個老師，我就能感受到自己對小孩的諸多期待——所以更不要說到那些身為父母的大人對小孩的期待了。因為期待，大人總是想為小孩「多做一點」（我也總是希望小孩能多學一點），但因為期待而多做的那些事，真的是為了小孩好？還是為了不讓自己擔心？

駿逸在書中談的是教養——別急著教小孩什麼——「如果我們期待小孩成長為

獨立自主、能為自己負責的（大）人，怎麼能不讓孩子有練習決定並承擔結果的機會呢？」將駿逸談的東西拉到我自己的課堂，我正在經歷與學習的也是——別急著教小孩什麼，我是不是真的能放下「要教給他們東西」的壓力，我是不是能夠真正相信小孩自己就擁有學的欲望與能力？我是不是能真正成為他們學習過程的陪伴者？

但這件事情其實並不容易——駿逸說「懶得教」，意思其實是要努力不教；因為我們這些大人，已經都被教成無法懶了，現在要我們懶得教，將學習的主動交還給孩子，對大人來說實在是很難（我正在學習）。

可是，「大人要學懶得教，小孩才可能自己學」，我是這樣相信；我有沒有可能「成為他們的同學，而不是老師」？這一題實在太難了！但我很想往這個方向前進。

推薦序

同志們，懶起來！

羅士哲（台南塾創辦人）

我在兒童教育現場打滾的時間，說來也有十年了。這十年來，教育現場吹過各式各樣不同的風氣。「反體罰」的風吹過；「翻轉」的風吹過；「批判思考」的風吹過。各式各樣的價值，在這片平靜的水波上颳捲，試著掀起一些漣漪。我和駿逸是老同事，也是老朋友了。記得曾有一次我在夜車上問他，我們的實踐，往後可以留下些什麼呢？在各種教育的風潮中，我們算有點不情願的喊著（甚至只能說是唸著或呢喃著）我們的口號：「合作式教育」。看著駿逸的手稿，我心裡閃過一個念頭，在這面旗幟下，終於要留下一些東西了。

然而，說是留下也不對，原因是，這樣的教育模式拒絕留下任何具體的實踐守則，而只留下一種思考模式，或是面對人的態度。這樣子說有點抽象，但在這篇短短的序裡，我決定讓事情變得更抽象一點。下面，我想先放下教育者的身分，以一個業餘哲學人的姿態，來談談這本書。

個別主義vs普遍主義

在倫理學[1]中，對於道德探究，有兩種不同的方向。一種，稱之為普遍主義（generalism），一種則稱為個別主義（particularism）。普遍主義者相信，存在一些普遍的道德規範，可以讓我們判斷是非對錯，無論對任何人，在任何情境中都適用。譬如說，「不可以殺人」「不可以說謊」「不可以偷東西」，管你是什麼人，在什麼狀況下，這些規則都是鐵律，不可違反的。假如你違反了，偷東西錯就是錯，無論你有什麼理由，都不能把黑說成白，白說成黑，好像偷東西是正當的一樣。

這，應該很合乎多數人對於道德的想像吧？然而，個別主義者們卻不這麼認為。

個別主義者反對這種不考慮具體情境的道德規範。對他們來說，是非對錯總要看看是「誰」在「什麼狀況」下「做了什麼」才能決定。舉個例子來說，阿明被綁匪綁架了，關在一個小房間裡當人質。現在，他唯有偷到綁匪頭頭口袋裡的鑰匙，才有辦法救自己一命。這個時候，他是否應該嚴格遵守「不可以偷東西」的律令呢？

在不同的狀況下，不同的人生境遇中，看似相同的行為，也可能有不同的意義。這樣的思考方式，不只能讓我們的倫理思考更豐富，在教育裡也可以激起不同的火花。駿逸的這本書，我讀起來，就是在提倡這種「教育的個別主義」。

教育的個別主義者是一群討厭鬼，因為他們很少給出具體的答案（如果給了，通常是為了給對方信心）。當你問他，到底支不支持小孩使用3C產品，他不會說「支持」，也不會說「不支持」，而會開始討論使用3C這件事情對小孩的意義。在3C產品裡，小孩經驗到什麼？看著小孩使用3C產品的大人，經驗到什麼？往內，他們追問經驗與情緒，往外，他們追問環境：小孩在什麼狀況下會沉迷3C，什麼時候則選擇離開3C？爸媽的工作與情緒，是否影響小孩使用3C的情形？事情被複雜化，也被具體化，在其中的每個行動者面貌變得更加清晰，這時候我們才可能去問，對這則故事裡的每個人來說，使用或不使用3C，究竟意味著什麼呢？

1 倫理學是哲學的一個研究領域，探討關於道德與規範的各種問題。

發懶人本主義

教育的普遍主義，就像是駿逸提到的各種教養書一樣，不斷的在要求大家「做些什麼」，或「不准做什麼」。這一條一條的要求，都變成責任，壓在家長，尤其是媽媽的身上。駿逸用七個不同的主題，呈現這幅現代的教育圖景，裡面每個人的角色與擔憂。如果，把嚴格的律則拿掉，我們每個人是否都能夠輕鬆一點、懶一點？是否更有可能看見彼此、疼惜彼此？律則的背後，是一個個個別的人，有著各自的人生與盼望，堅強與脆弱。

抽象的規則或價值，沒辦法帶我們回到具體的人身上，然而，發懶卻可以。

我想，這就是這本書希望做到的事吧：為那些被責任逼得緊繃的關係，爭取一些鬆弛的空間，發懶的空間，讓彼此有機會相惜、相愛。

作者序

極端的惜惜實驗

一個幾乎從來不曾接受過獎勵或懲罰、甚至幾乎完全沒有被強迫或控制的小孩，現在（二〇一八）已經八歲了，而我成為一個父親也已經八年多。

與大多數父母不同——但可能和大多數教育者一樣——我是先成為一個教育者，然後才成為一個爸爸。而在成為教育者之前，我是理工科的工程師；在工程師之前，我是理工科的學生。

從理工科的工程師到俗稱「體制外教育」的教育者，這個轉折對某些人來說也許大得有點奇怪，但我覺得對於各位讀者來說，那可能不是非常重要的事。我覺得，對各位更為重要的是這本書裡所要提及的「可能性」。從書名來切入的話，就是「懶得教」的可能性。

當然，剛開始我也不是這麼「懶得教」的教育者，否則大概很難說服孩子的父母把小孩交給我。只是，隨著教育現場的實踐經驗不斷增加，我逐漸忘記我也曾經是一個贊成「適當體罰」的大人，反而覺得讓小孩有自主成長的空間，是那麼理所當然的事，以致於很多時候在面對家長「急著教小孩什麼」的疑問時，我好像總隔著一層什麼，而不能透徹理解他們的問題。

難道小孩不吃飯，就讓他不吃嗎？

難道小孩不洗澡，就讓他不洗嗎？

難道小孩不想睡覺，就讓他熬夜嗎？

難道小孩作業寫不完，拖到很晚，也不管他嗎？

難道小孩不穿衣服會著涼，也由他去嗎？

因為我們在教育現場那麼致力於讓小孩「獨立」，於是對（那時的）我來說，這些問題的答案豈不是很簡單嗎？如果我們期待小孩成長為獨立自主、能為自己負責的（大）人，怎麼能不讓孩子有練習決定並承擔結果的機會呢？

當時我一直以為，如果我來養小孩，我一定能夠給孩子完整的空間與機會，來發展他的人格與人生。

因為我的伴侶是我的同事，於是當我們真的（不小心）生了一個小孩，我們自然而然就決定了，要把我們在教育現場的各種想像與實踐經驗，應用在我們的教

養現場裡。那些覺得父母應該要做的，那些覺得父母應該要衡量的，那些覺得父母應該搞懂的，我們決定要盡可能地去做。

像是一個極端的教育實驗。

然而，真的生了一個小孩、和小孩二十四小時生活在一起時，才知道要給孩子空間去長大去練習，有多麼耗費陪伴者的心神與時間。

要讓小孩自己練習掌握餐具，就得要在每次吃完飯之後，把桌面和地板全都擦過一次。

要讓小孩自己練習倒水喝，就要準備面對破掉的杯子，以及總是灑了滿地的水。

要讓小孩自己練習爬樓梯，就得要花一百倍的時間上下一個樓層，跟在小傢伙的後面，一邊看他慢慢嘗試，一邊小心顧著他的安全。

要讓小孩自己練習判斷什麼時候該穿脫衣服，當孩子不幸著涼時，就得要徹夜不眠地照顧小孩，外加擔心孩子的病情惡化。

原來，照顧者的生活與小孩的生活是如此密切重疊，以致於小孩好好長大的機會與空間，竟然要我拿出這麼多代價來交換。那些工作的、沉思的、追劇的、打電動的、跟朋友出門晃蕩的、約會的時間和餘力，一轉眼像是前世。這完全是我始料未及。

於是我終於能夠理解，在「要不要讓小孩如何」的問題上，很多時候不是「該不該」的問題，而是「我能說服自己，去做（或不做）多少該做的事」。在這些時候，我時常在選擇的天秤上，試著加上一些砝碼，來說服自己投入時間與精力，交換孩子的發展機會與空間。

這些砝碼有：對孩子的愛、對人性的信任、對孩子發展的瞭解、對人我權利分際的思索與認識，以及我對自己身為人、身為教育者、身為父親的自我期許。

另外還有一個非常重要的原因：這是一個關於「教育的可能性」的實驗。有時候，這個原因甚至是最有力量的，它讓我更加能夠抽離父親的角色，以一個教育者的身分，去斟酌在教育上的各種因果與可能。

雖然，即使將這些通通放在秤盤上，也是會有天秤往「委屈小孩」的那一邊傾斜的時候。

譬如說，我家小孩叫做阿果，他算是一個不折不扣的「3C兒童」。從一歲多開始，就有一台自己的二手電腦，從此時常和 youtube 獨處。在兩歲前，他就已經能很熟練地使用滑鼠，自己點選 youtube 上喜歡的影片來看，最久可以自己看電腦兩個多小時。

我們夫妻當然知道，讓阿果這麼頻繁地盯著電腦螢幕不是什麼好主意，我們也在跟阿果的相處中發現，只要我們找阿果去玩一些他比較喜歡的遊戲，譬如小車子、踢球，或者邀請他出門去玩，他幾乎也都願意馬上放下 youtube 的影片跟我們出門。

我們時常反省這樣的方式，也被阿果的乾媽婉轉地提醒過，但我們就是忍不住，想要用這種方法「偷」一些時間，來做我們自己想做的事。每次當我們警覺到阿果最近看電腦的時間實在太長時，我們就會彼此提醒應該要收斂了，多花一些時間來陪他玩；但這樣的自覺實在堅持不了幾天，阿果看電腦的時間仍然會在不知不覺中，又悄悄一點點地增加。

不過，大多數的時候，我們兩個照顧者在互相協助之下，都可以給阿果練習獨立自主的機會與空間。

阿果兩歲半的時候，有一天晚上我和阿果一起洗澡，他又不願意洗頭。我試探性的問了幾次，也提出幾個一邊洗一邊玩的點子，但都被拒絕了，保證絕對不會弄到他的眼睛，他也不願意。

我決定要認真談一下這件事：「阿果，你聽我說一下。」

他轉過身來，面對我坐在浴缸裡，聽我說話。

我說：「你如果不洗頭的話，頭會髒髒的，這樣頭就會癢喔。你是想要頭癢癢，還是讓爸爸幫你洗頭？」

阿果沉默了一下，看起來是在考慮，然後他說：「頭癢癢。」

我不死心，也怕他其實沒聽懂，所以試著把同樣的話換一種說法再講一次，但這次他考慮的時間更短了，他說：「我不喜歡洗頭。」

我再確認一次：「所以你決定要頭癢癢嗎？」

他說：「我要頭癢癢。」

我說：「那如果之後頭癢癢，你要記得是因為沒洗頭唷。」

他說：「好。」

就這樣，我們就請媽媽來抱他出去了。

阿果離開浴室之後，我一邊洗澡，一邊想著，如果我連「要不要讓頭發癢」都不能讓他自己決定，我又怎麼能期待他有一天能夠決定自己要從事的職業呢？又怎麼能期待他在眾多在意他的男孩或女孩中，選擇一個他鍾愛的對象呢？

人生中有這麼多比「要不要洗頭」「要不要讓頭發癢」更難的選擇，當阿果要面對那些選擇時，我很可能已經不在他的身邊，不能為他撐出一個能夠犯錯或從容選擇的機會。

想到這裡，即使我可以想像，他頭發癢時可能會情緒特別不好而波及到我，我也就能安然接受了。

「上陣須教父子兵」，我就在還能這樣陪他的時候，陪他一起吃點苦頭吧。

．

兩歲半的阿果，已經可以用保持餐桌整潔的方式自己吃飯，可以自己倒水，可以分辨怎樣的高度與攀爬對他來說算是危險，可以自己看冷熱決定要不要穿脫衣服。他可以自己決定大多數的事情，大多時候，也知道自己的情緒與需求。阿果發展的結果讓我們感到「很划算」，沒想到苦日子這麼快就過去，好日子來了。

八歲的現在，他可以自己坐公車去朋友家玩；可以自己決定一天只要看三小時的平板，以免眼睛不小心瞎掉；可以穩定地面對外在世界，不過分地期待，於是也沒有激烈的失望。

這本書當然是寫給阿果的。除了試著記錄阿果長大過程中，那些與他自身有關的趣事，或者他發展階段的里程碑之外，還有很大一部分，記錄了前文這些「身為父母的教育者」的心情。想讓阿果知道這些，並不是為了向他「邀功」，更不是為了讓阿果「知恩圖報」。想讓阿果知道這些故事，是想要讓長大了的他有機會知道，他是經歷了這些才長大的。

我不打算跟讀者或焦慮的父母說「你教錯了，應該照我的方法教」，而是想要跟父母說：「別擔心，像我們這樣教得那麼少，小孩其實也長得還不錯」。大多數時候，我們不是做錯了，而是做得太多。

我希望這本書可以讓父母們不要太焦慮。假如我們可以放下更多焦慮，而不要把力氣花在太多「教小孩」的方向上，也許我們就可以有更多力氣拿來好好愛小孩、惜（sioh）小孩。例如最近因為工作忙的關係，我本來答應禮拜三要陪阿果去的一門課，爽約了一整個月。他斷斷續續抱怨了好幾次，前幾天他又開始抱怨：「你不去我都不想去了。」

那時我正在工作，隨口回他：「是喔，那你想留在家裡喔？那要幹嘛？」他也沒應我，走到沙發上去換衣服，小聲哼了一聲。我收到訊號，轉頭看了他，覺得是該停止工作的時候。

我去沙發抱他，然後幫他換衣服。一邊換我一邊說：「還是你要跟我去工作？」

他問：「那邊有什麼好玩的？」

我：「呃，沒什麼好玩的，我要上課。」

他：「那我不要去。」

我：「還是你要留在家？看小說？」

他：「不要。」

我：「你是不是還是想去工作日？只是很想要爸爸跟你一起去？」

他（點頭）（掉了一滴眼淚）

我趕緊抱他，說：「下個月我會盡量不要排工作啦，一個月我盡量至少去兩次。」

大概抱了兩分鐘，阿果站起來，進房間去拿小說出來看，去冰箱找早餐吃，又可以說說笑笑了。

像是這樣，懶得教，但盡量勤勞惜（sioh）。

阿果長得很好，雖然他應該是去不了哈佛或麻省理工，這輩子大概也沒辦法成為有錢人，但他應該可以成為一般人，當他偶爾生病時，看著他的睡臉，我心裡就只有這個願望。

惜惜第一部

真心不騙

今天是個特例啦！

我曾帶過一個以小一、小二的孩子為主的團體，下課後從學校過來，大家放下背包，吃一些點心，然後開始拖拖拉拉地寫作業。等到全部孩子都寫完之後，會進行一個預先設計好的課程或活動，通常是一些有趣的操作經驗，或者是一兩個我覺得很值得討論的概念。

有一次，有個小孩作業寫到一半，一不小心就趴在桌上睡著了，還打著呼，真的很累的樣子。我們旁邊的人都講好要小聲一點，讓他好好睡。我們小小聲聊天，小小聲寫作業。

直到寫最慢的那個孩子只剩下一頁生字，我輕輕搖了搖睡著的孩子，問他：「你要起來寫作業嗎？不然等一下會只剩你一個人在寫唷，我猜你不喜歡那樣。」

小孩掙扎著抬起頭，嘗試了一下，卻還是沒辦法回到作業上。終於，他說：「我想回家睡覺。」

我試著問出一個原因。

「你今天很累嗎？」

「身體不舒服嗎？」

「學校有發生什麼事嗎？」

但孩子不知是不想說，還是說不上來，只是吞吞吐吐地說著：「想回家睡覺。」

我小心選擇說法，試著向他解釋我的意見：「你是自願要來上課的，從一開始你就可以選擇要不要來，對吧？今天來這裡你也是自願的，所以如果你想回家，我會期待你有一個合理的理由。但是，即使如此，你還是可以沒有理由就反悔，因為那終究是你自己可以決定的事。我覺得你可以決定要回家，但這個決定會對我和你媽媽造成一些影響，也會因此而付出一些代價。我想要跟你說明這些。」

我知道只要我不夠小心，或者小孩太習慣大人的權力，以及隨之而來的懲罰，那他可能就會放棄自己做決定，也失去一次承擔選擇的經驗。也許是我的小心奏效了，他堅定地說：「我決定了，我想要回家。」

一直用大人的權力把孩子綁住，勢必會減少他們自己做決定、承擔選擇的經驗。

「首先，因為我已經為你準備好這堂課了，不上課的是你，不是我，所以我不會退你錢，而且我會因為這樣而覺得不太開心，但也還不到生氣的程度。再來，因為你答應這個時間要上課，所以你媽媽可能已經安排好了自己的事情。她可能有一件正在做的事，也可能有一個特別的心情——比方說一個人好好放鬆休息的心情——卻會為了你現在的決定而被打亂，她可能會因為這樣而不開心，當然這只是可能，不一定會這樣。最後，你會聽不到今天我們上的課。好了，這些就是你的決定會造成的影響跟代價，即使是如此，你還是想要回家嗎？」我慢慢解釋，並且核對他的理解，確認他沒有誤解的地方。

孩子想了想，作出最後的決定：「對，我想回家。」

我借小孩電話，請孩子打電話跟媽媽說，孩子跟媽媽說了自己的決定，然後把電話交給我，孩子說媽媽要跟我說話。

我跟媽媽解釋我對整件事的理解，媽媽詢問我的意見：「他最近在上音樂課時，也有類似不想去的情形。如果現在去接他回來，這種情形以後會不會增加呢？」

我說明我的想法：「這當然是一種可能性，但也有其他的可能性。如果今天只是一個特例，我們現在不照顧他的心情，他也有可能因此而開始討厭這門課。另外，如果妳現在有安排，我想妳不一定要過來接他，事情沒有必要得繞著他運作，我們可以想其他方法來照顧他的心情，不一定要用打斷妳的方式。但如果妳沒有特別的安排，又願意照顧他的心情，把他接回家照顧一下他的狀態，再陪他好好想清楚今天到底怎麼了，對事情說不定會有幫助。」

媽媽接受我的說法，決定來將孩子接回去。掛上電話，孩子聽說媽媽要來接他，笑得十分開懷。

我問他：「聽說你音樂課也是這樣，你該不會不喜歡這門課吧？這樣的話，我可以跟媽媽說，讓你不用來唷！」

他開懷地說：「今天是個特例啦！」

為你好還是為我好？

在一個公園裡，一位爸爸蹲下來跟孩子說：「我跟你說過很多次了耶，」他的語氣非常溫和，像是在說一個遠在天邊的故事：「你不能這樣做，這東西是別人的。如果你再繼續這樣，還是我就先帶你回家？」

相較於爸爸前半段「說故事」時的沉默，面對這個「問句」，孩子很快就有了反應：「我不要回家！」

爸爸還是一派溫和理性：「那你就不能那樣做啊，知道了嗎？」

孩子：「知道了。」

假溝通真強迫

在某些人還在猶豫「怎麼正確打小孩」的現在，有些大人已經開始考慮不用打罵作為教育的手段，而是試圖採取其他的方式來對應教育現場的問題或困境；比方說上面例子裡的爸爸，正試圖跟孩子「溝通」，或者說是「講理」，讓小孩願意接受大人的「建議」。

然而，有些大人可能會發現，這種「講理」的方法時常只有非常短暫的效用。有些教養專家認為這是「說法」的問題，比方說把「老娘叫你從桌子上下來」改成「請你從桌子上下來」，或者進一步改成「你從桌子上下來就可以吃糖糖喔」「你把作業寫完就可以玩玩具喔」，就可以改變溝通的品質或成效。

但真的有照著教養專家的建議使用這些句子的父母，也可能會發現這些句子的「有效期限」非常短暫，很快地小孩就不再接受這些說法，回到一開始「講不聽」的模式之中。以上面這個例子來說，小孩可能在爸爸一個轉身之後，就立刻去做了那件他曾經答應爸爸不要去做（或要去做）的事情。有些人會因此轉而相信「小孩果然是不能講理的」。

「你要吃大便口味的咖哩，還是咖哩口味的大便？」在許多的教育現場裡，大人以為這種被自己設定過範圍的「討論」便是理性溝通，但其內涵卻是某種程度上「假溝通真強迫」的權力運作。

如果最後小孩無論如何都要聽大人的，「講理」或「溝通」就不是一種「試圖互相了解，並且經由彼此妥協來尋求共識」的過程，而是大人表現「優雅理性」的一種強迫的「形式」，那麼小孩就可能會開始發展各種辯解的技巧，以期在「講理的競技場」中擊敗大人。

只要實際統計一下，從結果看來，在大人跟小孩的「溝通」裡有多少比例「最後仍然是聽大人的」，又有多少比例「最後大人願意聽小孩的」，就能得到一個非常客觀的數字，來檢驗大人跟小孩的「溝通」究竟有沒有淪落為「形式上的講理」。

不強迫也不放縱

在一個工作坊裡，有媽媽問到「如果小孩不去做那些他應該做的事，那該怎麼辦？」我反問：「他覺得那件事情是他應該做的嗎？」

媽媽：「嗯，像是刷牙，或者繫安全帶，我花了很多時間跟他解釋，確定他了解這些事情的重要性了，但他還是不願意去做。我該怎麼辦？我可以強迫他嗎？可是不強迫他，難道要眼睜睜看著他蛀牙嗎？不坐安全座椅我也不能接受。」

假使我們不要「講理形式的強迫」，難道要放任小孩蛀牙、過敏、近視、營養不良、睡不好、冒著被甩出車外的風險嗎？這是我在親職教育現場時常被問到的「考古題」之一。

大多數情況下，若有一個「旁人」要在缺乏資訊或欠缺考慮的情況下，做出傷害自己身體的行為時，無論他是不是我們的小孩，我們都會傾向於「暫停」他的行為，為他補充資訊或請他詳細考慮。這種程度的「干預」，我們大概不至於會覺得是對旁人「強迫」；同樣地，我認為我們也可以在小孩「缺乏資訊或欠缺考慮的情況下，做出將要對自己或他人造成傷害的行為」之前，試著「暫停」小孩的行動，為小孩補充資訊或請他詳細考慮。

在「不強迫」與「放縱」之外，我們至少可以做出「補充資訊」與「邀請孩子再想想」這兩件事。這就是「不強迫小孩」又「不放縱小孩」的可能性。

但這種程度的「干預」並不保證孩子會按照我們的期望去做或不做某件事，這對教育現場的大人來說恐怕還是不夠的；對照顧者或教育者來說，在現場有許多「不得不在意的事」，比方說「安全」和「健康」，讓大人「很想要強迫小孩」。

那些我們想要強迫小孩的時刻

如果要傷害自己的是「旁人」，假使在補充資訊並且詳細考慮之後，他仍然決定要去從事那件「傷害自己身體的行為」，比方說一次抽十根菸或吃烤焦焦碳化的雞排，我們通常不會覺得我們可以強迫他不要從事那項行為。但我們通常覺得我們「可以」強迫小孩不要做那些事。

其中一個明確的原因，是「強迫一個大人的難度或代價遠比強迫一個小孩要高」，這使得「精於計算後果」的我們不會輕易對大人行使我們的「正義感」或「支配慾」。第二個可能的原因，是相較於與旁人的關係，我們跟小孩的親密使得我們更加在意小孩的損失。第三個原因，則是在某些時刻裡，小孩的利益會與我們的利益發生衝突（比方說他不想睡覺，但我想要他立刻、馬上、睡著）。

關於第二個原因，是當小孩的利益（自主性）與小孩的利益（健康）」衝突時，身為更有權力的教養者／教育者，必須決定要選擇呵護小孩的「自主性」，還是採取行動來守護小孩的「健康」。當我們在意識上明確知道我們正在剝奪小孩的自主性時（雖說我們是為了小孩的真實利益），我們應該會比較心虛或自覺稍微理虧，而因此顯得更有耐心、更不容易不耐煩，這應該可以避免一些親子衝突。

關於第三個原因，我特別不喜歡「孩子是來完整你」或者「你可以選擇要不要生，而小孩不能選擇父母」的說法，把照顧者的義務拉得那麼高，又把照顧者的自我限縮得那麼小。無論在價值選擇或教養實務上，我都更喜歡「照顧者先是一個人，然後才是照顧者」的角度。**身而為人，我們就是有放不下又沒來由的堅持，會有自私、愚昧和幼稚，在各種人的脆弱與無能襲來之際，照顧者除了先照顧自己之外，沒有更好的選擇。**在這時刻裡強迫小孩，我雖不覺得那是「理所當然的事」，卻也覺得沒有人有資格說那是「不能做的選擇」。

並不是有了小孩，就得當個聖人。

所以要求小孩在九點前上床睡著，好讓自己有一兩個小時的自由時間或和伴侶的親密時間，並不需要「為了小孩的健康好」這些「好父母理由」的支持，我認為直接下令「我要做自己想做的事！現在馬上給我去睡覺！」就是一個「足夠好」的理由了。除此之外，用「為了自己」當理由來「強迫」小孩早睡的父母，應該會比「為了小孩好」來當理由的父母，在這件事情上更心虛而富有耐心。

坦率的強迫，好過虛假的溝通

在刷牙或是安全座椅的例子裡，假如選擇將「小孩的健康或安全」放在「小孩的自主性」之上，一個我認為理想的模式，是一邊試圖跟孩子們解釋你之所以重視那件事的原因，一邊嘗試各種與教育無關的可能方法，諸如獎賞、誘拐、轉移注意力。但在一切嘗試都尚未見效之時，強迫小孩執行那個行動，會比「假裝給小孩選擇，但其實根本沒有要讓他選」要來得好。

我也確實見過有照顧者將小孩的自主性放在非常高的位置，等待小孩的蛀牙經驗「教會」小孩刷牙的重要，或者選擇非常小心地開車、選擇路線，而不強迫小孩坐上安全座椅。

至於那些為了自己好的理由，就大方坦率開誠布公地宣布你的「獨裁」：我就是為了自己好！你就認命吧你。在此同時，若是這種「獨裁」在小孩的生活中占了太多的比例，小孩就會起身反抗，到那時，願你是個能夠反省自身的君王。

小孩要OX我就讓他OX嗎？

尊重就是提供孩子所有事情的決定權?!

有一個粉絲頁用上面這句話作為標題，舉了幾個例子，想要證成「某種類型的『大人幫小孩決定』是教養而不是強迫」。

其中一個例子是「所以孩子想吃牛肉麵，我應該尊重他，然後收起我已經做好的咖哩飯？」然後還說，「孩子看見做好的咖哩飯卻開始抱怨他要吃牛肉麵，這時候尊重孩子的方式，就是『表達妳為他用心準備後不領情的真實傷心與憤怒』並『讓他決定他要吃或餓肚子到下一餐』這就是這件事的自然後果」。

事情真的這麼簡單嗎？

從這個例子出發，我舉了另外一個例子，來說明「強迫與教養恐怕不能就這麼簡單被切開」。

例如小明買了一包滷味回家，還特地買了四百元超大包，想要給女朋友一個驚喜，結果女朋友說「靠北誰說我要吃滷味？你買之前不會先打個電話？」這時若有個專家建議小明要「表達你為她用心買滷味而她不接受讓你產生的傷心與憤怒」，然後讓小明的女朋友「決定她要吃還是要餓到下一餐」「這就是這件事的自然後果」……你等著分手吧。

這個例子是要說明，「擅自為他人決定」在一個沒有極大權力差距的關係之中，是多麼容易被辨識、因而難以理直氣壯的事。可是一旦被包裝成「教養」，由於大人與小孩權力差距過大的關係，小孩即使提出抗議，也通常不被大人所理解或接納。如果大人沒有思考「這件事情究竟有沒有重要到我得要擅自為他決定」，日常的強迫就會屢屢發生，小孩講不聽、鬧革命也是指日可待了。

要逃出那個房間，一定要彼此傷害嗎？

前幾天我和小孩們玩了一個遊戲，小孩們在遊戲設定中被關在一個房間，不知哪裡冒出來的「規則大魔王」說，只要小孩們強迫一個裸體小女孩（故事裡的角色）穿上衣服，門就會打開。

遊戲中也有設定其他逃出去的方法，像是尋找線索的密室逃脫遊戲，但有一整組的小孩們都傾向叫小女孩穿上衣服，各自的方法都很不同。有兩個說要拿熱水恐嚇小女孩，一個想盡各種方法「拐」（他說我要畫一台假冷氣讓她很冷，她就會想穿衣服了），一個說「我們去拜託拜託她」。

要殺要剮要拐要拜託，方法總是很個人；但或許也像這個遊戲一樣，有一個不委屈彼此又能逃出去的方法，只是我們沒注意到。而且也像這個例子一樣，假如我們可以不要把自己關進那個房間，進入那種「選擇有限的困境」，就不用想著要怎麼逃出去。

比方說，在前面牛肉麵的例子裡，如果事前先問孩子他要吃咖哩飯還是牛肉麵，也許就比較可能避開這個困境（在伴侶的例子裡，這不是理所當然的事嗎？）。但當然小孩可能先選了牛肉麵後來又反悔，這種情況在女朋友爸爸媽媽阿公外婆身上，也都是會發生。發生在小孩身上就只是剛好而已，如果不會對那些權力跟我們一樣大甚至更大的人生氣，我們又為什麼會對權力比較小的孩子生氣呢？

是提供選擇，還是間接控制？

有個工作坊談到用「遊戲」來達成大人的目的，究竟是不是一種控制。

有人說在團體的情境中，大人作為一個遊戲成員，跟小孩的權利是一樣的，雖然權力比較大，但那也是無可厚非的，不算是控制。也有人說，在一對一的情境中，比方說「透過遊戲讓小孩刷牙」，設定遊戲情節的是大人，要「透過遊戲情節達到目的」的也是大人（這裡假設小孩不想要），所以就是控制。

但也有人指出，小孩在遊戲的過程中有得到快樂，這樣還算是控制嗎？假若我們透過某種手段（例如有意圖的遊戲）讓小孩去做他原先就想做的事，好滿足他的真實利益（比方說不會牙痛），那麼我們就不算是在對小孩施展權力。

只是在刷牙的例子裡，「不想刷牙」跟「不想牙痛」到底哪一個比較重要？前者是「自主」，後者是「生理的痛楚」，我們究竟要試圖滿足小孩的哪些真實利益，又要因此而違反小孩的哪些真實利益？面對這個艱難的選擇，我們的方向感是要依靠小孩的價值選擇，還是我們自身的價值選擇？

有人提出一個說法，如果小孩長大了沒有怪我們，那我們就不必擔心，假如小孩長大了怪我們，那我們就得要擔心。這個說法仔細想來又不是那麼可靠，我們怎麼能夠依靠未來孩子的心證，來決定當下我們所做的事情是否正確？

在「負起責任」的旗幟下，是誰被犧牲了？

在討論這個議題時，我心裡一直浮現日劇《空中急診英雄》裡的一個情節（以下爆雷）——

有一個小孩等待心臟移植許多年，好不容易等到了，他卻說他要放棄捐贈。他的父母都是醫師，非常煎熬，在一小時內要回覆是否要接受捐贈，不然等了好幾年的心臟，就要給下一個順位的人了。好不容易問出小孩的心意，小孩說：「我一直想要成為爸爸這樣的人，就是因為太喜歡爸爸了，於是我要拒絕捐贈。在我生病之後，爸爸就開始特別關注生病的小孩，在報紙的角落搜尋小孩過世的新聞，彷彿在等著其他的孩子死掉似的，變得不像以前的爸爸了。我不喜歡這樣的爸爸，假如我死掉了，爸爸就會變回以前那樣吧。」

這位爸爸知道，即使換心手術成功，小孩未來的人生還是需要繼續接受嚴苛的治療，那是非常辛苦的人生。在尊重小孩意志的前提下，他無法擅自為孩子決定以後的人生。

但最後這位爸爸還是擅自幫孩子決定要接受移植了。他在轉院的直升機上對孩子說：「我很高興你那麼喜歡我，但即使你恨我，我也要你活下來。你恨我沒關係，這就是我的決定。」這位爸爸很清楚他剝奪了孩子選擇的自由，去換取孩子的生命，而他所剝奪的那麼巨大，即使被孩子怨恨，也無可辯解。

有很多專家老是誇談「責任」，讓照顧者以為自己做得總是不夠好，要照顧者

「向學」、看書、聽講座，努力去「負起責任」，但**從未提醒照顧者當他積極行動時，可能會犧牲什麼。**

只有在那麼少數的時候，作為「責任者（同時也是權力者）」有資格下一個「寧可被怨恨，我也只好這樣做」的決定，這樣的心態和出發點，和「我是為你好，你靠北個屁」截然不同。

至於從實踐的角度來看，那些「少數的時候」究竟是哪些時候？界線在哪裡？這總是要由行動者（在這裡就是照顧者了）自身的價值選擇，來決定究竟要堅定哪些，又要放鬆哪些。然而所有對於信念的堅定行動也許都會造成犧牲。也許你會同意，停下來看看你所選擇的行動，是誰要付出什麼樣的代價，也是負責任的事。

日記：阿果講不聽

2歲6個月

我發現盡量不威脅或拐騙阿果，到現在得到一個非常大的好處，那就是阿果非常願意接納或考慮我們的意見。像是跟他說一個東西很危險（或很脆弱）不能玩，或一個地方很危險請你不要過去，他幾乎都會採納。我覺得他很清楚我們不會唬爛他，如果是不重要的事情，不會刻意說得很重要，更不會限制他，所以他不用花功夫去猜我們說的東西哪些是真的，哪些又是我們為了省麻煩而設下的障眼法。

為了省麻煩的那些，我們一般會直接說：「欸，你這樣我很麻煩啦！」這種情況下，他一般都會笑呵呵地去做⋯⋯然後我們就會一邊抱怨一邊收拾。

不過，即使如此，阿果仍然有兩種情況下是沒辦法溝通的。

第一種是虛弱的時候，譬如很想睡覺或沒睡飽、生病的時候，都非常難對話；第二種情況是「很想要」的時候，譬如在百貨公司的玩具部，沒逛到他滿足，沒辦法説服他離開。

不過，大人在這兩種情況下也是這樣啊。想到這就覺得可以理解了。

2歲8個月

你知道嗎？孩子越大，就越不講理。

下午我跟一位大孩子打羽球，阿果在旁邊一直想要玩，但拍子太長了，阿果用不順手，我答應他要為他買一把適合他的羽球拍。

七點多，我們從工作室離開，去玩具店找球拍，但阿果跟我都不喜歡玩具店兒童版的球拍。因為阿果今天下午去文具王本來想買一個很貴的玩具，我說：「這個很貴耶，可以買五台你喜歡的那種卡車唷，我們把錢留著買那種卡車好不好？」阿果很乾脆地答應了，所以我提議：「那買玩具車吧？今天可以買兩台。」

不過，因為他選了台比較貴的玩具車，於是我改口說：「因為這台比較貴，所以只能買一台喔。」阿虎也選了台比較便宜的玩具車，我對阿虎（阿果的媽媽）說：「這就是妳的結婚紀念日禮物了。」

到了車上，阿果說：「我的兩台車車呢？」我們才發現阿果在玩具店沒有弄清楚我的解釋，他以為阿虎買的那台車是他的第二台車。可是阿虎很喜歡那台車，不想拿給阿果玩，只是阿果開始哭，阿虎也只好妥協，把玩具車交出來，但心裡不太舒服。

我看著照後鏡，試著跟阿果解釋他為什麼不能買第二台車，也試著解釋：「那台車子是媽媽的，你把媽媽的車子拿走，媽媽覺得不開心。」阿果想了想，把他自己新買的那台車，拿給了阿虎。

八點多回到家，阿果跟阿虎先進門，我去停車。停好車一進門，阿果就哭著跑出來，一邊抱著我哭，一邊指著廚房。阿虎從廚房裡虛弱地說：「我要倒給你了啦。」

我抱著阿果進廚房，阿虎把冰牛奶倒進杯子裡，阿果看到杯子裡的牛奶就不哭了。我跟阿果說：「我幫你熱一下好不好？你在流鼻涕耶，我怕你喝冰的會不舒服。」阿果唉唉叫：「不要熱～不要熱啦～！」我又重說了兩遍，他還是堅持不要熱，我只好抱著他把牛奶拿到客廳，擔心地看著他掛著鼻涕喝著冰牛奶。

喝完牛奶，阿虎弄晚餐，我抱他上樓。因為他離開工作室沒多久就大便了，我想要幫他洗澡，或者至少把屁股沖一沖或擦一擦。

我說：「你大便了，很臭耶，我們洗澡好不好？」

他拒絕。

我說：「那沖一沖？」

他拒絕。

我說：「那擦一擦？」

他說：「換尿布！」

我問：「你是說，你只要換尿布？」

他說：「對，我只要換尿布。」

我：「可是，這樣你的屁股還是有大便耶，這樣還是很臭，而且你會癢癢的喔！」

剛說完，他就伸手去抓屁股，手沾到了一點大便。

我說：「你抓到了啦！你聞聞看！」

他把手拿到鼻子前聞了聞，說：「幫我擦手！」

我用熱水洗毛巾，幫他把手擦了擦，正想要一起幫他擦屁股，他把我手推開，大聲說：「不要擦！我只要換尿布！」

也許是因為讓他喝了點紅茶，從傍晚開始，阿果就十分「歡」，平常可以好好對話的小事情，他都會唉唉叫或者哭起來，幾乎不能好好談話。剛好阿虎這兩天生病，精神不濟，沒力氣好好陪他；我昨晚陪他睡覺，起來陪他幾次，今天又陪他玩了一天，到了現在我也沒耐心沒力氣了。

阿果堅決只要換尿布，我無可奈何，也有點生氣了，就拿了新的紙尿布幫他換上。換好尿布的阿果開心地跑到床上玩他的手機（壞掉的），我疲倦地癱坐在椅子上，不想說話也不想動。

「真是沒辦法講道理耶！」我心想。

坐著休息了兩三分鐘，我又打起精神，到玩手機的阿果旁邊對他說：「你一邊玩手機，我一邊幫你擦屁股，好嗎？」他竟然說：「好！」

早知道這樣他就可以接受，那我剛才幹嘛跟他僵持這麼久？

因為成功擦好了屁股，我也比較有了力氣，於是決定再試試。

我開始在阿果的浴盆放水，跟他借他新買的玩具車，進到浴室裡玩。水放滿了，他拿著手機跑進來看我玩。看了一會兒，他說：「不是這樣啦！」我問他：「那不然要怎樣？你教我好了。」他把手機拿出去放，跑進浴室裡，開開心心地脫了衣服，跟我一起洗了澡。

洗完澡，我們一起下樓吃晚餐。餐桌上，我跟阿虎討論了晚上各自跟阿果的互動。

阿虎說，他們到家以後，阿虎開冰箱想要準備晚餐，阿果看到了冰箱裡的牛奶，想要喝。可是阿虎剛好也想要用牛奶煮晚餐，於是兩人就發生了僵持。阿果大哭了，累積很久的阿虎哀怨地大聲說：「我沒有車車，也沒有牛奶！」阿果馬上把車車拿給她，要阿虎幫他倒牛奶。

聽到了這裡，我想了想，說：「其實他還蠻講理的。」

無論是他想要他的第二台車，還是他想要喝牛奶，或者是他不想要擦屁股，這些都跟道理無關，只是他的需要而已。一個人的需要跟另一個人的期待或需要不同，於是就發生了僵持或衝突，這在人跟人之間時常都在發生。

而且，在阿虎把車子讓給阿果時，阿果他還願意把自己的新車子拿出來給阿虎，試著安慰她；當阿虎說：「我沒有車車，也沒有牛奶」時，阿果也願意把車子拿出來給阿虎，讓阿虎「至少有車子」；當我很想要幫阿果擦屁股時，他也能夠接受一邊玩讓我一邊幫他擦。

想到這裡，我跟阿虎都覺得，其實這個晚上好像也沒這麼糟，阿果雖然情緒比較不穩定（大概是因為紅茶的咖啡因吧），但也沒有我們想的那麼「歡」，反而還做了很多體貼我們的事。

那我們到底在不耐煩什麼呢？為什麼會覺得阿果越來越不講理呢？

也許是因為，雖然我們總是不知不覺地認為自己的期望是比較有道理的，但當阿果還小還不那麼能講理的時候，我們都不那麼期待他的選擇能跟我們的期望相同。那個時候，即使我們耐心地說了很多次，我們仍然知道，最後的結果很可能還是「彼此意見不合」。

也因為我們總是不知不覺地認為自己的期望是比較有道理的，所以當阿果長大了、開始能講道理的時候，我們就不知不覺地開始期待他的選擇「應該」要與我們相同了。

阿果已經很可以講理了，於是我們反而覺得他不講理了。

看樣子，孩子越大，越不講理的，反而是我們大人吶。

惜惜第二部

暴力根源

情緒勒索魔法師

身為一個非常討厭被使喚的人，生小孩以後卻老是被使喚，彷彿前半生的避免都是為了此時的揮霍。當我太太在密集工作，我也密集地被小孩使喚時，心情一直不太舒坦，終於到了難以忍受的程度。

小孩在房間裡看影片，對著門外大喊：「爸爸幫我拿水來！」當下我先是出口拒絕，他立刻鼓起腮幫子做出生氣狀。這大概是跟蠟筆小新學的，交友不慎啊。此時我稍微有點心軟，但腦海裡立刻浮現「這時不答應他是對的，否則他以後總是這樣『情緒勒索』我怎麼辦」。

家是小孩的魔法世界

英國兒童心理學家溫尼考特（Winnicott）說，人在懵懂無知的幼兒時期，只要咿咿啊啊就可以滿足自己的各種需求。嬰孩並不知道，這是因為（至少）有一個焦慮緊張的照顧者像馬屁精般積極揣摩上意，還以為自己天生擁有心想事成的能力；溫尼考特認為這就是魔法的起源。這麼想來，「爸幫我拿水！」可不就是隔空移物的咒語？

當小孩稍微長大了些，將會開始在人生中漫長的探索，隨著經驗拓展，他發現自己其實並不會魔法，當初那些基本需求的滿足已經是父母能力的極限，而他的需求與興趣漸多漸廣，即使在職場裡最擅長拍馬屁以求高升的父母也無力滿足。那些「心想事成」的日子已經不再，他終於得要依靠自己來完成那些實驗與嘗試。

他不會耽溺在失去魔法的惆悵裡太久，很快就會被那些帶給他驚奇的新鮮事物奪去注意力，進而發現它們是值得腳踏實地去經驗的。像是吃飯，這樣吃那樣吃，吃得到處都是、把食物往遠處丟看能丟多遠、捏捏看各種食物的觸感，這些都是非常值得身體力行的行動，而且也不是「魔法（父母的幫助）」得以代勞的。

由於世界是那麼豐富好玩，那些已經熟悉而顯得不值得再投入時間的事物，最好的解決方式便是交給「魔法」去處理了。說起來，洗衣機、掃地機器人之類的工具，和魔法真是相似的事情，為我們節省了大量的時間與精力，拿去投入我們更想做的事。也許人們對便利的渴求，也是來自嬰兒時期對魔法的想像吧。

小孩在家裡，是一個掌握了魔法的奧祕、也知道魔法的極限的狡猾術士；他也許會施展魔法叫父母幫他倒水來，卻也清楚知道魔法絕不可能讓不耐煩的爸爸冷靜下來——而且在這種時候，露出一丁點施展魔法想要叫老爸工作的意圖，都是十分危險且不智的。

魔法師的養成與風險

要成為小孩的「魔法泉源」，對我來說，除了消磨青春在幫小孩把屎把尿倒茶端水之間的不甘願之外，唯一要擔心的，大概就是小孩會不會因此成為一個「缺乏行為能力」的成人。

仔細想來，人要是長成那樣，也許不是「在家裡有魔法」的緣故。在這些年的教育現場裡，我見過很少數極端「缺乏行為能力」的孩子，都來自被「過度保護」的家庭文化裡，我曾遇過一個小五的孩子，他在吃飯的時候沒辦法不散落得滿桌都是。問起他的生活經驗，才知道因為某些原因，親人不方便時常帶他出門玩耍，獨生子的他從小總是待在房間裡，連食物都被送進房間，而且為了要節省清潔桌面的時間，大人甚至會在他想要看電視晚點再吃的時候，直接餵他吃飯。我們發現他被照顧得「無微不至」，但從另一面看來，其實也是被廣泛地限制探索世界的可能。

其實「過度保護」這個說法也有點搞錯了方向，**這些孩子面臨的其實不是「保護」，而是以「保護」為名的「限制」**。為了不把桌面弄髒，於是不能自己吃飯；為了不把身體弄髒，於是不能翻滾跑跳；為了不把東西弄壞，所以不能東奔西跑；為了不把自己弄傷，所以不能使用各種工具；為了健康，所以規定一定要在什麼時候吃什麼吃多少。

這樣的孩子不自己吃飯，可能並不是想要把時間跟精力省下來，好去投入其他更有意思的事，而是不知道要怎麼自己吃飯。這種孩子和選擇使用魔法的孩子不同，他們並不是為了便利而要求大人做事，而是真的不會做事，也無能選擇。

善用你的魔力，尊重法師的需求

對小孩來說，家就是他的魔法世界啊，說起來有什麼不好的呢?走出了這個家門，孩子還是得要腳踏實地的冒險。就像有些娘家也是某些女人的魔法世界一樣，離開了娘家，衣服跟碗盤都不會自己洗好各就各位（咦?男人跑哪去了）。

可是一直被使喚還是非常不爽啊!非常不爽!有時還會想起「小孩有情緒我就幫小孩做事，要是小孩學會情緒勒索我怎麼辦?」這種理由。

但下一秒我就清醒了，我知道這是我已經「不想要幫他做事」之後，才找到的藉口——跟《好人總是自以為是》這本書裡提到的「直覺先來，策略推理後到」一樣，只是產生一個看起來不那麼自私的原因，可以用來拒絕孩子。

我們時常學著說那些冠冕堂皇的論調，只是為了辯解、說服自己仍是個夠好的人。在這種時候，我試著保持清明，試著記得兒子想要透過施展「魔法」來便利自己，是一種自然、正當並且甚至有助於他往前探索世界的重要動機——比起這個不行那個也不行要有幫助多了，實在不必為了這樣的傾向而動怒。

另一方面，我也試著提醒自己，我只是一個普通的爸爸，並不是我兒子的魔法泉源，用不著實現小孩的每一個咒語，拒絕他讓他自己去倒個水、拿個衣服、牽個腳踏車、洗個碗、摺個衣服、煮個飯，花費這些時間去照顧他自己的需求，並不會讓他的前途就此黯淡無光。

而且，我會盡可能記得我是怎麼樣愛他，於是在他因為魔法落空而感到低落時，我會願意停下手邊的事情，關照他的情緒與心情。**我想盡可能讓他知道這個家（人）即使不是他全能魔法的應許之地、不能滿足他所有願望，卻十分願意在他受到挫折低落的時候，陪他一起度過。**

盡可能啦，盡可能，十次看能不能做到兩次。

打人的孩子怎麼了

無論是在有許多小孩的教育現場，或者家裡僅有一兩個小孩的教養現場，打人的孩子大概總是讓大人們特別擔憂操煩。

大人們一方面擔心小孩是不是會因此而長歪，「小時候打父母，長大了打總統（咦，聽起來還不錯？）」之類的；另一方面，身為似乎有連帶責任的教育者或父母，面對那些被打的大人或小孩的心情或情緒，心裡不免有很多心虛和忐忑。

像是阿風這樣的孩子，就令人特別頭痛。每當他跟其他孩子的意見不合，他就會出手打人，也許是把某個東西搶過來，也許是讓對方不敢再反對他，也許就只是一時氣憤。

面對這樣的孩子，我們該怎麼辦呢？

以下先試著說說常見的幾種看法與解決方式，最後再提出我的觀察與想法，並且提出在教育上我認為恰當的作法。

常見處置一：忽略原因，直接尋找解方

有許多成人在面對小孩打人的問題時，不去探究小孩打人的原因，只關心如何防止小孩再打人，直接尋求讓小孩不再打人的方法。面對這樣的成人，也有很多教養專家或「民俗療法」投其所好，提供各種技術或花招。

過去最主流的作法大概是各種類型的「處罰」，比方說我在許多關於體罰的演講裡，都聽過有人想藉著打小孩來教小孩「打人是錯的事」。

這種方法的心理學原理是「操作制約理論」，想把「疼痛」「恐懼」這些負面的感覺跟他剛做的行為（打人）連在一起，建立「負面刺激（疼痛／恐懼）——剛做完的行為（打人）」這樣的連結，讓他記住這個連結，而不敢再去做這件事。

這個作法訓練人類外的大多數動物也許很有用，但要用來訓練人類就不太行了。因為人類的思維比其他大多數動物複雜太多。就以上面那個「透過打小孩讓小孩知道打人是錯的事」的例子來說吧，小孩不用想得太複雜就能發現，**用打人來表達「打人是錯的」這件事，是十分矛盾的作法：如果打人就是錯的，那你也**

不應該打我。

假如小孩對世界有更多觀察，在這些被打或受其他懲罰的經驗裡想得更多一點，就會發現「那些特別有力量的人打人、使用暴力，根本沒人敢打他」，於是他可能就會得到這樣的結論：「只要我比別人更強大，就沒人可以打我了」。於是當小孩的身體長大到了能夠反抗大人的青春期，就一口氣增加了一大堆「管教失靈」的例子。

還有一種常見的作法，是「先打他，再跟他解釋為什麼不能打人」或者「先跟他解釋為什麼不能打人，再打他以記住教訓」。這個路數其實非常奇妙。如果我們仔細推敲這兩者之間的關係，就會發現，行為控制（打小孩）跟講道理（解釋事物的原理）根本上是互斥的兩種行為。

行為控制是要喚起人對某件事情的恐懼，讓他「即使想做，也不敢去做」。當你打了小孩成功喚起他的恐懼，是要跟這個正在恐懼的人講什麼道理？他怎麼聽得進去？

所以，用打人或其他處罰方式來傳達「不能打人」這件事情，小孩學會的通常是：「打人不能被大人發現」。就像前天我跟我老婆走在街上，偷看經過身邊的馬尾女孩被發現時，她狠狠瞪了我一眼，她後面說了什麼我都不記得了，只知道以後千萬不能這樣做——或者要更有技巧地做。

另一種情況「先講道理再打」也一樣。當你剛講完道理，就立刻打小孩喚起他的恐懼，根據操作制約的理論模型，這時候連起來的不是「打人——挨打」這組連結，而更可能是「聽大人講道理——挨打」這個非常奇幻的連結。

常見處置二：積極尋找原因，再依此尋找對策

但也有一種看法，認為成人應該要先「看懂孩子的行為」「穿透孩子行為的表象」，才能真正擬定出協助小孩的方法。

比方說從兒童發展的角度來看，打人有可能是那些「缺乏表達方式」的小孩，在表達自己時所採行的一種途徑。也就是說，在這種情況裡，成人不必將這些行為視為一種「暴力」，而可以將它視為一種比較本能的「表達」。

以我們家小孩的狀況來說，在小孩的拳頭小小的時候，他生氣時會用小拳頭揍

我，但當他看過一百集蠟筆小新之後，他現在生氣時會把臉頰鼓起來……。從用小拳頭打人（糟糕覺得有點浪漫）到用「蠟筆小新生氣法」，中間經過了很多種表達方式，像是大喊「我不要我不喜歡」、趴在沙發上散發出怨恨的氣息等等，無論我家小孩用哪一種方式表達自己的情緒，我們都盡量全力回應，給予一樣的重視與關注。

隨著小孩發展出的表達技能清單越來越豐富，假若每一種表達方式都可以被充分接納，那麼小孩自然而然會選擇成本較低、較輕鬆的方式來表達自己，而不必用打人這種傷人一千自損八百的招式。

還有一種說法，則是將小孩打人的行為視為一種「解決問題」的手段。在某些時候，小孩因為其他的表達方式太過麻煩或無效，而選擇用打人的方式來解決問題。在許多工作坊的討論裡，有不少大人都將這個視為「嚴重」的問題，而覺得應該要積極「矯正」小孩。

然而，這樣的「因為相信有效而打」的行為在大人的世界並不少見。無論是「歐美強權對狂熱伊斯蘭組織的打擊行動，以及狂熱伊斯蘭分子所做的炸彈攻擊」，這種離我們較遙遠但被許多人信奉為「正義」的暴力，又或是警察在學運時打了抗爭者、抗爭者打了警察、大人因為「小孩講不聽」而打小孩，都是典型將「打人」作為解決問題的手段，本質上就是認為「其他方法太麻煩或沒有用，用打的才會有用」。

假如大人在小孩因為「相信打人有用」而打人時覺得要積極處理，對「那些大人（有權者）」用「打人有用」的原因打人時卻消極面對，就只是對小孩示範什麼叫「柿子挑軟的吃」而已，最後很可能還是會回到「拳頭大的就可以打人」的價值觀上。

比較少見的一種看法

在討論過上面那些常見的看法與作法之後，我想提出一個比較少見的看法，但卻是我在教育現場常見的一種類型。

在規模大約六到十人的低年級生團體裡，這種教育現場幾乎都至少有一位會出手打人的小孩。面對這樣的孩子，我會先觀察他一段時間，試著搞清楚他會在哪些情況下動手，找出他行為之間的一些共同點。接著，我會帶著這些資訊去和小孩談話，確認他是否知道自己會在這些情況下動手打人，以及他自己對於打人這件事情的看法。在這兩件事情完成之後，我會去跟他的父母談話，確認他的父母是否知道小孩的情況，並且也試著從父母那裡收集一些資訊。

透過這些經驗，我發現有一種動手打人的類型。像是阿風，他每次激動打人之後，都會大哭，要不是跑得遠遠地哭，就是躲在某個角落哭；但無論是哪一種情形，阿風都會一邊哭一邊偷偷看我，像是一種邀請，但要是我試圖靠近，阿風就會跑遠跑開，到另一個遠遠的地方偷偷看我。

我大概花了幾個月的時間才讓他相信，當他正在哭泣難受的時候，讓我靠近不會對他造成任何危險——我是來幫忙的，不是來算帳的。於是在一次又一次哭泣後的聊天裡，我才知道，阿風是一個常常被處罰的小孩，因為他反應快又邏輯清楚，時常不識好歹地挑戰大人的權威。當他被打時，他問為什麼，大人說的理由不能說服他，他就用恨恨的眼神看著打他的人，而這時常又招來另一次暴力。

和阿風相處時間最長的媽媽，開始覺得事情不太對勁，於是在朋友的介紹之下，把阿風送來我們這裡。我們的合作在三方的努力下持續進行著：媽媽決定要試著不處罰小孩，但她還是不能說服爸爸跟（學校）老師；阿風也承諾盡量不打其他孩子，但他還是時常忍不住；我會盡量讓其他孩子及他們的父母理解阿風的處境，試著讓其他孩子在自願的前提下，對阿風有更多的包容。

每天媽媽送阿風來我們這裡，我要做的第一件事，就是仔細端詳阿風的「臉色」。而媽媽要做的第一件事，就是向我說明阿風今天的經歷；爸爸有沒有打他？阿風在學校有沒有被處罰？這些都會影響阿風今天在這裡的狀態，而我要做的就是向其他孩子說明阿風今天的狀況。

有一天，阿風早上出門被爸爸打，帶著很糟的情緒去學校。看什麼都不順眼的阿風，被老師處罰整天都不能下課。當他一來到這裡，媽媽跟我（再和其他孩子）說，大家（我跟孩子們）都嘆了一口氣。那一天，不管阿風怎麼挑釁做各種騷擾人的動作，孩子們會試著向他反映：「阿風我知道你今天不開心，但我不喜歡這樣。」或者就來找我：「盧駿逸你去幫忙，我不行了。」

像是這樣，在飛天小女警大家的努力之下，阿風度過了一個放鬆的下午，媽媽把比較開心的阿風接回家，晚上通常就可以平安下庄。

當然，那些失敗的例子更多。孩子忍不住阿風的攻擊或挑釁，也許就還手了，也許就單方面地被打。這些時候，我會跟孩子們說，我不覺得他們有必要承受這些，沒有人應該要承受這些。這些是我們大人的問題，是我們大人該負起責任的。然而，他們可以拒絕阿風，但我不能，因為我是教育者，也因為這是我們大人該負起的責任。

在這種例子裡，阿風這樣的小孩陷在日常生活的艱苦環境，當他去到那些少數可以打人又不會遭到處罰的地方，可能沒辦法壓抑打人的衝動，因為他身體裡面有太多憤怒無處可去。面對阿風這樣的孩子，把「打人或不打人」完全視為他的選擇，讓他自己一個人去承擔，我覺得實在太過嚴苛。

告訴孩子，我們還會繼續想辦法的

曾經有一個孩子，當我質問他「我對你這麼好，你這樣欺負我對嗎？」他對著我大吼：「我不欺負你，我欺負誰？」我當時沒有言語回答，至今也無話可說。

若是你遇見這樣的孩子，你也許可以試著協助他調整他的日常環境，減少他的壓力來源。但這件事情他媽的困難，而如果你不能做到，你也許就抓緊一個時刻，看著他的眼睛，誠懇地告訴他，這一切的無可奈何並不是他的錯，至少不全是他的錯。

告訴他，我們大人會繼續想辦法的，我們還會繼續想辦法的。

輸不起的小孩

當輸贏在自己身上時，從來就不是簡單的事啊。而在教育現場裡，我們所看見的「小孩輸不起」的情況，對小孩來說也許是艱困的人生關卡，而不僅僅是「輸了不甘願」而已。

不是怕輸，是怕不可能贏

最近我們的小團體流行「丟腳躲避球」，丟到腰部以下才算丟中。前幾次我有加入，在女孩因為屢屢丟不到人而不願意當鬼時，我宣布我是「石像」不會動，只要直直朝我丟來，就一定會丟中我。女孩奮力試了兩次，果然丟中我了，開心地跟我交換位置。這個「規則」讓另外兩個觀望的女孩也躍躍欲試，立刻加入了遊戲，大家都玩得很開心。

這一次我沒加入，開局沒多久，那個丟不到人的女孩被丟到了，她拿了球走到外面，雙手舉起球朝人丟去，球軟弱地飛了一公尺半，跳了兩下就無以為繼了。對面的把球又丟回來，她又試了一次，結果還是一樣。在我看來，那種球完全沒有丟到人的可能性。

女孩轉頭看著我，她說：「你能不能來當石像？」

我：「我沒在玩欸。」

女孩：「你來玩，你來當石像。」

我：「妳是不是覺得妳丟不到人？」

女孩點頭：「嗯。」

我：「那我幫妳跟他們說說？」

女孩：「好。」

我對著場中的幾個小孩解釋：「她覺得這樣子她不可能丟到你們，這樣會不好玩。你們有沒有什麼想法？」

一個孩子說：「她沒試過啊。」

我：「有啦，她剛才試了兩次啊。」

另一個男孩說：「不然這樣，我可以當石像，可是等一下我在外面的時候，她要答應不要故意把球往其他地方丟，讓我跑很遠去撿球。」

女孩同意男孩這個條件，男孩也依照承諾，在女孩丟的時候，定定站著不動。女孩又試了兩三球，終於丟中了男孩。

像是這樣，輸贏有時跟能力有關；小孩可能不是不能接受自己會輸，也不是輸了想要賴，而是明明要玩個開心的遊戲，眼前擺著的卻是贏不了的難關，是強弱懸殊的差距。誰想要玩一個不可能贏的遊戲？

不是輸跟贏，是「你要不要和我一起？」

另一個例子，是我在一個活動裡遇到還算熟悉的小孩（阿初），他拿著一支長樹枝跑來戳我。當時我正在跟父母們開會，就隨口說「我不要這樣啦」簡短回覆他，但他鍥而不捨地持續戳我，我只好停下會議，先好好看著他，跟他說話。

我：「我不想要被戳欸，我正在開會。」

阿初：「不要！」

我：「你想要跟我玩是不是？」

阿初（點頭）

我：「可是我正在開會，我現在不想玩啊。」

阿初（繼續戳我）

我（抓住樹枝）：「好啦，我知道你想跟我玩，等我開完會啦，我開完就陪你玩。」

阿初（搖頭唉唉，繼續戳我）

我（把他拉過來抱住）：「我跟你說，我保證等一下開完會一定會跟你玩，你等我一下就好，好嗎？拜託你啦。」

阿初終於把身體放軟了，點了點頭。

開完會了，雖然我很想收工回家，但我也不想對阿初爽約，於是我就喊了阿初，說我開完會了，來玩吧。阿初聽見了，非常開心地向我跑來。我之所以不爽約，並不是因為我覺得守信用有多麼重要，而是因為我很清楚，我跟阿初的關係經不起哪怕僅僅一次的爽約。

破壞通往孩子心中的信任之橋是非常容易的事，但重建工作會無比艱難。特別像是阿初這樣的孩子，他們已經不太相信大人了，但出於人性的本能，他們仍舊不能自己地會給大人一個通往內心的機會，這份期待又非常非常纖細而脆弱；他們會從橋對面的牆垛裡偷偷向外看，假使你露出一絲猶豫或不耐，脆弱的橋體就會即刻土崩瓦解，無以為繼。

・

「我們玩什麼？」我問阿初。

「玩鬼抓人。」阿初說。

他開始找玩伴，沒多久，我們湊了四、五個人。

阿初指定我當鬼，我拒絕，有人提議用猜拳的，阿初接受了。猜輸的是另一個孩子，我們開始四散逃跑，鬼奮力地追；在遊戲裡面，人的內在慢慢毫無防備地展開。

鬼一直抓不到人，我稍微放水，讓鬼抓到了我。後來我又抓到另一個人，他又抓到另一個人，另一個人再抓到我。我輪流追每一個小孩，最後追到阿初旁邊。

阿初說：「不算！」

我：「好啊，那讓你跑三秒。一、二、三。」

沒多久，我又追上阿初，阿初露出快要生氣的表情跟聲音，喊著：「你不能突然抓我！」

我笑著說：「等等，可是這是鬼抓人欸，我不能抓你，那要怎麼玩啊？」

阿初仍然在生氣的邊緣，一邊喊著：「你不能突然抓我！」

我：「我還沒有要抓啊，不過如果我不能抓你，那要怎麼玩啊？」

阿初保持著情緒高漲但還沒爆發的狀態：「你可以抓我。」

我：「那我要開始囉。」

阿初仍然激動著：「不行！你不能抓我！」

我：「你不要生氣啦，我還沒抓啊，那我到底可以抓還是不能抓？」

稍微冷靜下來的阿初說：「你可以抓我！可是你不能抓我！」

好吧，我聽懂了。我開始追著他跑，偶爾也去追追其他小孩，我追上他們，很貼近他們，但不抓他們。我懂了，我可以抓你，但不能抓你。

因為很刺激所以跑很快，小孩有時就跌倒在草地上，我也不抓他，就等他站起來，再繼續追他。阿初跟其他孩子都開心地大笑快跑，大家都有點過癮，當然也有點累。玩了十五分鐘左右，我宣布：「我要回家啦。」

解散的時候，我背起背包往廁所走去。阿初背著自己的背包跟上來。

阿初：「你怎麼來的？」

我：「騎車啊。」

阿初：「你為什麼不開車？」

我：「因為我買不起。」

阿初：「那你怎麼出去玩？」

我：「很遠的話就坐車去。」　阿初：「那你怎麼回你媽媽家？」

我：「我們住很近，所以我會騎車回去。」

要載阿初回家的阿姨喚他，阿初不知道有沒有聽見。

我：「阿姨在叫你欸。我要去上廁所，你也要去嗎？」

阿初說：「沒有啊。掰掰。」

我才知道，阿初原來是特地「走過橋來」找我聊天的。那一天，我很慶幸我守住了那座橋。

假使教育者能夠跳出輸贏的框架來觀察，可能就會發現阿初所面對的是人格發展上的一個難關，而不僅僅是不想輸或不服輸的問題。

也許不是輸和贏，也許不是那回事

「小孩玩遊戲輸不起怎麼辦？」

身為一個玩手機遊戲輸了就會很暴躁的人，好像沒資格指指點點什麼。但透過這兩個例子，我想說的是，很多時候我們所看見孩子的「輸不起」可能不是表面上那回事。那些我們看來簡簡單單理所當然的事情，對孩子來說，也許是人生裡極其重要的難關。

假若你是一個陪著小孩長大的大人，也許你能夠緩下「指導小孩」的焦急，從小孩的角度出發去推敲他的困境；也許那裡有一座通往他內在的橋，你走過去，和他一起想辦法，你們就知道怎麼好好長大。

日記：暴力阿果

2歲4個月

最近阿果開始攻擊人了。他昨天朝我丟筆，又揍了阿虎一拳。

他丟我筆的時候，我還蠻傷心的，心裡的台詞大概是「我這樣對你你這樣對我！噢！天啊！」這種老台詞，眼淚都快掉下來。

不過他看我又生氣又傷心地沉默看著他，就慢慢往後退，然後開始用各種方式示好。

小鬼越長越大，我們跟他之間需求的界線時不時會重疊而衝突，這時常不是誰對誰錯的問題，也不是「現在該聽誰的」的問題，就只是單純兩邊的需要談不攏。

該怎麼建立一種溫和溫暖的溝通文化，怎麼形成一種雙方各退一些、又不占彼此便宜的文化，是現在我們要開始的一條長路。

2歲6個月

昨天聽阿虎說阿果在共學的時候會搶其他小孩的玩具，也跑過去說：「我的！」然後搶過來。

昨晚我問他：「你還記得你今天跟妹妹搶玩具嗎？」
阿果：「記得。」
我：「那是誰的玩具？」
阿果：「阿果的玩具。」
我：「你是說，你的玩具，還是你想玩的玩具？」
阿果：「我想玩的玩具。」
我：「所以那玩具是妹妹的？」
阿果：「是阿果的。」
我：「是你從家裡帶去的嗎？」

阿果：「是阿果從家裡帶去的。」

我：「……。」

阿虎說，有一次阿果想要騎一台別人的腳踏車，有找她去幫忙借。可是為什麼這一次的玩具就用搶的呢？

我是覺得阿果知道那玩具是別人的，至於他到底在想什麼，我就不知道了。

陪阿果長大的過程裡，弄不懂的事情總是比弄懂得多。但在擔憂與照顧孩子之外，也抱著一份這樣的心情去看孩子長大，也就多了一份情趣吶。

4歲4個月

最近這傢伙有點浮躁，有時三言不合，就會開始動手打我跟阿虎。前幾天還在哀嘆養小孩也太累了，昨天突然醒覺，該不會是最近哪裡出了差錯。

開始檢視最近的生活，發現阿虎開始大量工作之後，專心陪阿果玩耍的時間大量減少，我的工作量雖然有降，但又跑去做一些有的沒的，也沒把時間分配給他。他這兩個月來睡前也不要求說故事了，我們也就自然而然省掉了這件事。

仔細盤點赫然發現，我們兩個專心陪他的時間，加起來恐怕還不如最近托育阿果的小學自學生多，真是無顏以對。

另外一個可能的問題，是博霖（我同事）觀察到的。這學期阿果都在跟著我上課，大小孩裡雖然不乏善心人士同時又有能力的，會好好地陪阿果玩，但大多數小孩玩起來都是六親不認，照顧自己都來不及，哪有空顧到阿果。阿果在這種情況下，要不是被施捨，要不就是沒辦法進入，情緒狀況應該都不太好。從這裡看來，跟差不多能力的人一起玩還是十分重要的。另外，最近兩堂課阿虎在忙自己的工作，沒有陪他一起在課堂裡，我得一邊顧他一邊顧課，常常就要請他等我，先顧其他小孩的狀況，等著等著，他就顯得越來越委屈。

接下來就是要調整這兩個狀況，看有沒有猜對了。

惜惜第三部

共有財產

我們家沒有零用錢

「我們家沒有零用錢。」這不單指小孩沒有，大人也沒有，因為我們家是「家庭所得共有制」。所謂「家庭所得共有」制，指的是：

- 我們家既不把賺錢的人當成老大，也不以有沒有工作勞動或長幼尊卑之類的制度來區分階級。
- 在花錢這件事情上，無論大人還是小孩，每一個成員都有一樣的「資格」可以主張想要購買任何一個東西，也有相同的「資格」可以反對。
- 當「想買」或「反對」對立時，就展開協商，各方並陳理由，試著說服對方；但一個非常基本而重要的原則是：沒有人比其他人更有資格決定。

在我跟伴侶結婚之後，我們家主要的收入來源是我的工作，我伴侶也有投入一些賺錢的工作。除此之外，家務勞動是我跟伴侶共同分擔，在一般情況下，她負擔比較多，我負擔比較少。至於我們家小孩阿果，他幾乎完全沒有負擔任何家務勞動。

對我們家來說，我們喜歡「家並不只是家庭成員的總和」，同時也厭倦家庭內可能因階級對立而來的計較和計算，於是小孩從出生開始，就在這個制度裡成長。在我們家，每一個家庭成員除了「家庭成員」這個身分之外，沒有其他不必要的身分。這種做法在大人之間應該還蠻可以想像的，但在小孩（六歲半以前）身上，我想不少人會有各種疑問。

當然我們家的各種條件並不能在這篇文章裡全部都清楚交代，所以這篇文章只是要說明一種可能性，希望可以反駁那些「怎樣就一定會怎樣」的鐵口直斷，並且給予有類似教養想像的人，一些實踐上的參考。

這樣小孩會不會揮霍無度？

在小孩開始瞭解人類有消費行為、想要買東西時（大約是一歲多的時候吧），我們每次進便利商店這種消費場所，都至少要半個小時左右才出得來。他會在裡面尋找他想要的東西，那些東西有時是我們不喜歡的食物（像是旺旺米果），有些是吃了會很不妙的食物（像是傍晚的巧克力）。

我們就是解釋我們的主張，請求他再考慮，最後要是他堅持要買，就還是會買。

在玩具店也是如此，前幾年每個月大概會去四次以上，每次消費在數百到一千元左右不等。超過一千多元的玩具，我們會請求他換一個「你也喜歡但比較便宜」的玩具，大多數時候，假如換另外一個不行，那換另外兩個他就會同意。

像這樣長大的小孩，會不會想要一直買一直買停不下來呢？

去年，他跟朋友在販售電視遊樂器的店裡，看到友善親切但包藏禍心的老闆試玩給他們看，就想要買了。老闆給的價格是「包括兩張遊戲CD」一萬三千五百元（徹底烙印在心裡啊）。

他提出來想買的時候，遭到我跟她媽直覺式的反對，但我們也立刻就冷靜下來，開始跟他一起討論這件事。首先，我們說明雖然我們反對，但再三強調，假如他堅持的話還是可以買。其次，我說明我們家設定的應變存款是十萬元，這筆支出必然會動用到這筆存款，那我跟他媽就要花更多時間去工作賺錢，來彌補這個缺口。

在經過這個討論之後，他決定要節省他日常的開支，挪移來購買遊戲。而我跟她媽也覺得只靠他節省日常開支的話，要補存款實在太緩慢了，於是我們提議，他負責節省三分之一的金額，也就是四千五百元，另外三分之二的金額，直接由家裡的錢來支出，由我跟媽媽透過節省或去工作來彌補。

但是大概在兩三個月前，他的朋友家裡生了幾隻倉鼠，他一直想養寵物，結果就領養了一隻回來，把省下來的錢全部拿去買了倉鼠的籠子、飼料跟家具……於是我們當然就沒有買遊戲。

現在，他幾乎不曾提出要去玩具店，只有偶爾會想要買組樂高，或者經過扭蛋機會想要買扭蛋，再來就是打電動遊戲機台了。每個月相關的總支出雖然不曾仔細算過，但應該是不超過一千元，比我跟她媽去外面喝咖啡、買書或買衣服的支出更少。

所以呢，在我們家的例子裡，在支配金錢這件事上，盡力讓小孩跟大人有同樣的權利和權力，並沒有讓小孩成為被消費慾望支配的人。

這樣小孩會不會「用錢觀念偏差」？

相對於揮霍無度，這裡指的是擔憂小孩把錢用在「不對／不划算／沒意義」的地方，比方說網路上很流行的一種說法，就是要教小孩分辨「需要」和「想要」。

分辨「需要」與「想要」似乎是很重要的事，不過呢，那些想要教小孩「需要與想要」的親職，要是打開自己的 LINE 群組看看那些已經結單的團購物品，真的通通都是「需要」嗎？

現代人囤積了、購買了很多不需要的物品，這可不是小孩才有的現象啊，以為自己在「分辨需要想要」這一點上比小孩有更正確的「觀念」，大多數情況下都是不知道哪裡來的錯覺。面對這個鼓勵消費的社會，把持不住或「手滑」的現象大概不能簡單說是「觀念錯誤」的問題。

至於大人覺得小孩「把錢用在不對／不划算」的地方，其實通常也只是偏見的展現。我以前就不能理解人們為何把錢用在好吃精緻的食物上，但後來我發現，其實只是我不懂得吃而已。

我家小孩當然也會把錢用在我覺得莫名其妙的地方，像是打一次三十塊的神奇寶貝機台，或者明明就不能用的假神奇寶貝機台卡片。請注意，那明明就是不能用的，是假貨啊啊啊！我本來以為他不知道那是不能用的假貨，但他知道，然後還是買了。這種有如遇見外星人的感覺，就跟我不懂為何有人會把同款式衣服的七種顏色買好買滿（我後來才知道那叫包色）一樣。

一個東西是便宜還是昂貴、是值得還是不划算，取決於一個人的「偏好」（價值選擇）。經歷食安風暴的品牌鮮奶再怎麼降價，也是有人會覺得「不值得」買；擺在日式裝潢小店裡的古早味零食，即使比鄉下雜貨店貴個三倍，也會有人覺得「很值得」。

既然沒有絕對的「正確用錢價值觀」，有的只是個人判定「值得」與「不划算」的各種偏好，那麼就沒有所謂「偏差」，而只有「偏好的不同」。

在這個前提下，我家小孩目前的偏好就是上面提過的那些，總支出也就是那一千元左右吧。

另一個故事，是這個月初我們去高雄，在家樂福裡偶然遇見甲蟲王者的遊戲機台，同行的友人提議他玩，他拒絕了，因為他沒帶可以記錄進度的角色卡，覺得這時把錢花在這裡「不划算」。可是，對我來說，我就覺得打個兩場也還好啊，反正也是可以得到遊戲卡片。這裡面只有偏好的不同，沒有價值上的對錯。

還有一個偏好嚴重不同的故事，是有一次生日我們問他要什麼禮物，本來我們以為他會要一組之前被我們否決沒買的昂貴樂高，但他要了一包豆皮。嗯，就是那種油炸的豆皮，他說要煮來吃。老實說，我當時還是忍不住擔心這是不是有一點「價值錯亂」了。

小孩會不會吃米不知米價？

另外一個跟用錢觀念很類似的擔心，是小孩不知道「物價」，也不知道自己有多少資產可以使用，或者因為不知道物價與資產之間的關係，於是把錢花光光成為敗家子。

我認為「家庭所得共有」制度確實不能提供這種經驗，所以我們另外設計了額外的、類似零用錢制度的教學活動。

因為我自己就是教育者，所以我們家小孩大概五歲的時候，開始參與我們的旅行教育活動。這個活動的目標之一，就是協助小孩練習考慮價格與資產之間的關係。

對我家小孩跟大多數城市小孩來說，去便利商店或賣場買東西是非常自然的選項。有許多人不曾察覺，便利商店其實是對小孩非常友善的消費空間；它會將小孩偏好的商品放在適合小孩身高的地方，把價格標示得非常清楚，並且店員幾乎對小孩有問必答不擺臭臉，也不會催促小孩盡快完成選擇。

然而，「便利」只是一種左右人選擇的偏好，還有別的事情可以考慮或應該考慮。

首先是價格跟資產之間的關係。價格跟價值不同，一碗滷肉飯三十五塊就是三十五塊，這是價格；但一碗三十五塊的滷肉飯值不值得，這是價值。價值要看個人的偏好，但價格與資產的關係也是應該要考慮的事。我們有沒有錢可以買一碗五十塊的滷肉飯？買完滷肉飯還剩多少錢？這五十塊若是花在這裡，會不會影響之後我們的計畫？

在我們的旅行裡，每個小孩每天能自由使用一筆不算寬裕但夠用的金額，於是吃了一碗三十五元的滷肉飯，錢包裡就少了三十五塊。大多數情況下，新團員小孩在第一次面對這種情境時，都會把錢灑到便利商店裡各種平常被禁止的零食上。但在接下來的幾天裡，如果小孩跟著大人或有經驗的舊團員小孩一起吃了一些在地的小吃，新團員小孩的經驗就會逐漸豐富，而在選擇時有其他考量。

有很多小孩在活動的第三天或第四天之後，就不再覺得便利商店是「值得」的消費場所，最受小孩歡迎的食物，是便宜又有飽足感的滷肉飯，這樣他們既可以面對飢餓，又有錢去購買其他想買的飲料或玩具。目前為止的最高記錄，是某個小孩連續三天除了早餐之外就是滷肉飯。

在最近一次的旅行活動裡，我們家小孩淚灑夜市。那天他把錢花在昂貴的飲料、午餐跟點心上，加上前一天的預支，到了晚上他只剩下回程的車錢，而無法跟我們一起吃大排長龍、看起來超好吃的夜市肉圓。

我們四個人一桌，他垂頭喪氣地趴在桌上，我心軟，問他要不要吃我的一口，他說不要。過一陣子，我又說我買給你吃吧？他又搖頭，整個人埋頭哭了起來。其他同桌的孩子見了，也沒說什麼，大概是很能瞭解這個心情吧，畢竟這些人幾乎都有過同樣的經驗。

後來，我把這件事轉達給他媽知道，他媽後來問他，他說：

「不知道為什麼，平常都沒關係，但是在這個活動裡花額外的錢，就是覺得不甘心，所以就不想吃爸爸的，也不想被爸爸請客。」

除此之外，這兩年來，小孩在每週固定的課程裡，也都有一筆定額的金錢可以支配。藉由這些「補充」，我們一方面保有了「家庭所得共有」的權力平等關係，一方面也讓小孩有充分的機會，去練習考慮價格與資產之間的關係。

這樣的小孩會不會覺得不用付出就有收穫？

「不用付出就有收穫」聽起來真的好棒喔。

我家小孩有在學鋼琴，只是他幾乎從來不練琴，卻又堅決每個禮拜都要去上課。我有一次忍不住問他：「你不想變強嗎？」他用一副你說什麼傻話的表情看我：「當然想啊，誰不想變強。」我還來不及接話，他又接著說：「假如不用練習的話。」

好吧，看樣子他非常清楚這世上沒有不勞而獲這種事情。

我們家小孩時常跟著我們去工作，也因為我們有許多時間是在家工作的關係，小孩很清楚錢不是天上掉下來的，而且也許因為我有在唉唉叫的關係，他也知道工作是一件不全然有趣的事。當我強烈抱怨他沒在工作的時候，他有時會勉為其難接一些案子，像是去教育現場照顧更小的小孩，或者幫助我完成一些他可以勝任的工作。

有一次友人問他對工作的想法，他回答的大意是：「我沒有很想要工作，但我也覺得為了要吃飽，還是得要工作。所以只要工作到錢夠用就好了。」

除此之外，他最近也說起他還蠻喜歡我寫的歷史故事，假如有機會的話，他也會想要寫歷史故事，帶其他人去走讀。

如果不掌控小孩用錢，就一定就會行為偏差嗎？

整體來說，在我們家裡，「家庭所得共有」制度並沒有對小孩帶來什麼壞的影響，我們家小孩並沒有因此而成為一個「偏差」的人。

當然，我並不是要主張或保證只要「家庭所得共有」制度，小孩就會長成一個怎麼樣的人，反而是想要透過我們家的經驗，指出那些斬釘截鐵的「保證」都太過片面而武斷，像是「假如你不主宰小孩的金錢使用，你家小孩就會這樣那樣」的說法，太簡化整件事情，也太小看人的可能性。

如果你也追求平等、民主的家庭／親子關係，那麼或許你可以參考這個實踐經驗，找出你自己的路線。

日記：想買就買的阿果

4歲2個月

從出生到現在，除了有一次急診跟一次看牙醫之外，阿果幾乎從來不曾被我們強制做什麼事（說幾乎，是因為不敢說得太死）。

要不要洗澡、要不要吃飯什麼的就不用說了，我想一般人最難以想像的，就是要不要買玩具。

是的，我們家信奉的是「共產制度」，所有的錢都是家人共有的，誰想花都可以花，即使他一歲半，也是想花就可以花。因為這樣的價值觀，在阿果小時候走進玩具店或商店時是非常痛苦的，常常一進去沒有個一兩小時出不來。

在他選中一個昂貴的玩具或不對勁的食品時，我們得要用各種說法讓他理解我們對這件事的擔憂，但又同時得要在態度上讓他確實認識到「如果他堅持，他還是可以買」。有時我們會成功説服他，有時我們會失敗，就真的買了個很昂貴的玩具（或很討厭的食品）回家。

忘了多久之前，他就已經能夠接受我們的建議，盡可能不買高單價以及不對勁的商品，轉而考慮我們建議的商品。最近幾週阿果在節制物慾上的發展又更進一步了。在我跟阿虎一人拿了一罐啤酒跟汽水時，他偶爾會搖著小食指説我今天不想喝。進入玩具店或商店時，偶爾也會因為種種原因孑然一身地離開。

譬如説，他前幾天去玩具店看上了一隻樂高小鳥機械人，但那只機械人缺貨，於是他自己選了同系列的鱷魚機械人。回家以後組裝起來，真的還蠻精緻的，父子倆都很愛，他還蠻心滿意足的，但我也很喜歡那只小鳥機械人啊（XD），於是我提議去其他玩具店看看有沒有賣。

連續找了兩間玩具店都沒有賣，阿果也什麼都不買就離開了，願意等待我們已經訂貨的小鳥機械人。

這個月我們去了三四次玩具店，而且都「預算無上限」，但阿果只花了三百多元。這種情況，即使是十年前甚至五六年前的我自己，也是不可想像的。

惜惜第四部

保護眼睛

小孩沉迷於3C產品怎麼辦？

常聽聞「沉迷3C的小孩（意外）有如投胎轉世脫離苦海」的故事，有鑑於親職們三天兩頭總是擔憂孩子們過度使用3C，就覺得應該建議他們拍個戒癮公益短片。

近年來，人們開始將「人類大量跟3C相處」的情況，和「大量使用藥物／酒精」放在一起討論，視為一種成癮的狀態。以我在教育現場的經驗，我本來不甚同意這種說法，但在看過約翰．海利（Johann Hari）在TED的演講〈你對上癮的所有認知都是錯的〉之後，我修正了我的看法。

我覺得這部影片裡最有意思的例子，是將一個早期的實驗跟近期的實驗作比較。早期的實驗將老鼠放在一個封閉的籠子裡，提供摻雜毒品的水跟沒有毒品的水，發現老鼠在籠子裡出現毒品成癮的狀況；而在近期的實驗裡，實驗者建造了一個「老鼠樂園」，除了跟早期實驗一樣的兩種水之外，還提供老鼠各種遊樂器材，以及可以交往的好朋友們，在這種情況下，老鼠們則傾向於喝普通的水，很少喝有毒品的水。

這樣的實驗結果，讓我覺得3C成癮跟藥物／酒精成癮確實可以放在一起討論了。這篇文章會專注在教養現場「孩子大量跟3C相處」的情況（雖然通常大人跟3C相處的時間更長），然而在正式討論之前，我認為我們需要先釐清一些問題。

使用3C，還是被3C使用？

二十五歲的阿牛本來一直都覺得學習是一件很無趣的事，一路讀書考試當上了公家機關的文書職員，本來以為人生就是這樣上下班打卡了。但去年他偶然接觸到程式設計的課程，有如一見鍾情那樣愛上了，即使隔天要早起上班，每天仍然至少要花八個小時在電腦前寫程式。

我們都知道喝酒跟酗酒不是同一回事，生病吃藥跟嗑藥也大不相同，花很多時間使用3C產品也不見得都是所謂的「成癮症狀」。在上面這個阿牛的例子裡，我們通常會認為阿牛是找到了自己的熱情所在，而不會認為他的情況是需要被協助的、「缺乏自制力」的「成癮」狀態。有一種說法會將阿牛認定為是在使用3C，而那些成癮的例子是「被3C使用」。

然而，如果阿牛是十二歲甚至八歲，許多大人卻又會開始操心這個那個了，比方說阿牛是不是太早投入程式設計而沒見過世界上其他的風景，或者會擔心他的健康問題。這些大人對小孩的擔憂根本是生生不息的，不過呢，總之這些擔心已經與成癮問題無關，而是其他面向的了。

成癮還是沉迷？

五歲的小明沉迷於鋼琴之中，每天花八個小時以上彈琴，叫他做別的事他要不是聽不見，就是直接表示不願意。他的親職非常困擾，認為小明過度使用鋼琴了。親職帶小孩去見一位教養專家，專家建議他們帶小明去看兒童身心科的門診，畢竟小明已經呈現鋼琴成癮的症狀。除此之外，親職用八折的見面優惠價，從專家那裡帶走了一本《擺脫鋼琴成癮？你可以這麼教》的教養書。

當一個人在評論某個事物值不值得花大量時間投入，總是跟他自身對那件事物的認識與評價有關，而每個人對事物的認識與評價，又總是受到文化的影響。在小明的例子裡，鋼琴如果在主流文化裡被識別為「不值得花費大量時間投入」的事物，那麼小明的狀態就更容易被歸類到「成癮」，而提高被親職帶去接受矯正或治療的機會。

另一方面，人們對成癮問題的想像也跟使用的物品有關。回到比較常見的狀況，假如一個人花很多時間彈鋼琴，頂多會說他是「沉迷鋼琴」，至少我沒聽過大人在擔心小孩「鋼琴成癮」的；可是假如對象是電玩遊戲，就會有不少人認為那是個「成癮」問題。

也就是說，許多親職之所以擔憂3C成癮的問題，很可能是因為他們瞧不起孩子們使用3C產品做的事。假如小孩拿平板是在寫程式打算要駭進美國的衛星尋找隔壁小美失蹤的貓咪，或者電視上播的是BBC的科學主題節目，這些親職只會擔心最基本的視力問題了。

然而，主流社會對某些事物的評價總是會隨著時代而轉變，過去主流社會也曾認為很會打電玩不是一門有價值的技術，但現在電玩已經是有職業賽事跟國際賽事的專業競技。除此之外，彩妝、美甲、裁縫等「女紅」也都曾經被視為每個女人都應該要會的新娘技能，誰想得到現在滿街都是美甲彩繪，這變成「不是每個人都要擁有」的「專業技術」？

另外還有一個最近幾年興起的專業，叫做「實況主（播）」。老實說，我完全搞不懂那些人鬼吼鬼叫打遊戲有啥好看，但我家小鬼每天平均花三個小時以上在收看這些「媒體」，而能夠累積數十萬甚至數百萬人關注的「事業」，裡面怎麼可能沒有專業。我身邊有些孩子正在研究如何當一個實況主，實際上，有些已經受到關注的實況主，也就是個小孩。

雖然已經是老生常談了，但我想**大人們面對小孩關注的事物，還是不要輕易去判定「浪費時間」或「沒有意義」比較好，畢竟對於未來的世界，我們其實不比小孩懂得更多。**

打一場戰爭不如打造一個樂園

無論是否接受上面那些分析，作為小孩的主要照顧者，幾乎不可能避免生生不息的擔憂。假使我們仍然決定要讓小孩擺脫「成癮」的問題，或者說至少可以多去接觸豐富多元的世界，根據約翰・海利的演講，我們確實有可以做的事。

過去我們認為成癮要不是生理上的問題，就是習慣的問題，而要克服成癮，就要依靠個人的意志力做出正確的選擇。那些成癮的人被視為缺乏自制力的人，而主流社會傾向於將缺乏自制力視為一種人格上的缺失或不完整。

然而，如同前文所提到的那部影片所述，假使成癮的原因只是如此，那麼那些在重大手術之後長期使用止痛藥的患者，離開醫院之後很可能就會成為毒品依賴者，但事實上卻不是如此。於是有部分心理學家試著重新建構推論，**認為成癮的問題也許不是生理上的依賴，而是人際連結的匱乏。**

這個推論與我在教育現場的經驗相符，包括最近我聽見的例子。第一個例子是約四歲左右的男孩，逐漸有增加使用電視時間的趨勢時，他的爸媽和我提到這件事，詢問我的意見。我的意見在這個例子裡不怎麼重要，重要的是，後來這位男孩跟著媽媽回到大家族住了好一陣子，在那段時間裡，有許多大人排隊等著跟這個年記的小孩玩耍、陪他做事（你知道，小孩再長大些這些大人就會失去興致了），當這個小孩回到四人的小家庭生活之後，小孩不再那麼想要使用電視，反而時常主動要求大人陪他一起做一點事情。

另一個例子是關於一個自學團體，他們的「3C戰爭」試過了非常多的方法，但大致上走的是訴求小孩拿出自制力的路線。不過，今年暑假他們舉辦了一個令小孩眼花繚亂的夏令營，在幾天之內拿出各種有趣的事情讓小孩自由選擇投入，在那個營隊裡，小孩主動要求使用3C的時間大幅下降，轉而投入運動、勞作等活動，之後這個情況持續保持到現在。

我並不認為這個推論能夠含括所有的小孩與情況，但在我的經驗裡，如同影片裡所提到的「老鼠樂園」實驗，**當小孩處在有許多樂趣的環境之中，3C產品對小孩的吸引力就有可能大幅降低。**

也就是說，這其實不是一場關於3C的拉鋸戰，而是一場陪孩子探索世界的持久冒險。與其把時間拿來看讓你焦慮的教養書，或者處心積慮去制訂各種規則與罰則，不如把時間拿來陪小孩玩、提供帶小孩出門的邀請、規劃一些讓小孩能夠跟朋友一起玩耍的時間與空間吧。

日記：網路大騙局

5歲3個月

我有時會提到，阿果這輩子幾乎沒有被強迫做過任何事情，唯二的那兩次，都是看病時被醫護人員架住（這也讓我們往後對醫護的選擇變得十分敏感）。不過為了「破除神話」，我也通常會補充一個我們欺騙阿果的例子，事實上也是他這輩子唯一被我們欺騙的事情，那就是「關網路」。

阿果大約三歲就有自己的二手電腦，四歲就有自己的二手平板，但在大約一年半前（三歲半左右）吧，我們發現要是我們不陪阿果玩，阿果就會跑到電腦前蹲著或打開平板看youtube，一看就會沾住，如果我們沒有祭出「陪他出去玩」或「陪他玩桌遊」之類的大招，他不會輕易離開螢幕裡的肥貓鬥小強。

我們當時認為這是我們的問題，我們自身應該減少待在螢幕前面的時間，並且增加陪他玩耍的時間。但我們實在也太需要自己的時間，某一天情急又懶惰的時候，就把網路關掉了。本來以為這招很快就會被識破，但沒想到這一路就過了一年半，這小鬼竟然就這麼相信網路會被他「用完」，這也就是他這輩子唯一被我們糊弄的事。

這學期我們開始考慮接下來自學的計畫時，開始對自主學習、動機、學習方向與內容等等展開許多的討論跟反思，也終於發現這一年半來他黏著於電腦前的狀況並沒有因為長大而改善，反而因為我們採用了一個偷懶的技術，讓他在「有網路」的時候，更膠著在電腦前了。而且在這一年半之間，由於我們依賴於這個偷懶的方法，關於這件事情的思考也就停了下來，毫無寸進。

由於自學的規劃迫在眉睫，這個妨礙自主的「偷懶方法」自然也不能再繼續下去，我們決定正面迎戰這件事情。首先，就是告訴阿果，他被耍了。

我慎重地告訴他這件事（並且很隨便地道歉，因為他看起來不怎麼在意），他很平靜地聽完，有一點「啊原來這樣喔」的感覺，也沒有生氣的樣子。

不過呢，從此我們就得好好面對這件事了。

昨天我們先試著「讓他看到瞎掉」為止，但在他看了近兩小時後，我們終於沉不住氣去拜託他停止。他雖然聽我們說「一次看太多會瞎掉」，但到底會怎麼瞎、具體來說看多少會瞎，我們三人其實也沒有多少概念。不過大致上他願意相信我們的判斷，也不想因此而瞎掉。

傍晚時，我提出一個方案：「看半小時休息半小時」，他自己設定定時器來提醒，他接受了。今天我們開始嘗試這個方法，到現在為止大致上還算成功。

總之勒，最後一個（也是唯一一個）騙局拆穿了，值得紀念一下。

惜惜第五部

自動自發

自主學習是什麼？

不知道從什麼時候開始，被強迫而得到的學習成果已不能讓許多家長滿意，小孩得要「自主學習」並且得到成果，才能符合這些家長對於「理想教育」的想像。

就像甜度有三分五分七分，中國有分中華民國跟中華人民共和國，一個「自主學習」也會有很多種表述。我不打算（也不覺得可能）處理所有自主學習的歧義，所以在本文裡，只會以下面這四個例子所指出的架構，來討論自主學習。

常見的四種自主學習

情況A、主動去做有興趣的事

太郎的工作是修機車，他從小就喜歡修機車，而且他家就是機車行，爸爸雖然覺

得做黑手沒出息，希望他去當醫師，但太郎一心只要當個修車師傅，一有空都會研究網路上機車版的各種疑難雜症。

情況B、主動去做沒興趣的事

二郎的工作是做甜點，他從小就不太喜歡做甜點，但他家就是蛋糕店，爸爸也要求他繼承家業，他反正也不知道自己要幹嘛，就從父親手上接下生意一路做下來了。去年附近開了一間85度C，店裡的生意一落千丈，他覺得這樣下去可不得了，只好去書店買了兩本法式甜點書，沒客人的時候，就拿出來研究、試做，雖然對他來說不太有趣，不過也就是這樣了。

情況C、被動去做有興趣的事

三郎一直以來喜歡籃球，也喜歡比賽，但他沒那麼喜歡練習。可是繼承了父親國手的天分與體格，父親以斷絕父子關係為要脅，強迫三郎參加籃球校隊，並且要求三郎一定要打進全國大賽的冠軍。為了維持起碼的父子關係，三郎只好乖乖去球隊練球，但只要球隊的練習結束，他絕不多練。

情況D、被動去做沒興趣的事

四郎在連鎖的義式餐廳做了兩年的外場，他不喜歡做料理，而且其實比較喜歡吃台菜，但老闆想要他在外場清閒的時候負責一部分內場的工作，於是（以開除為要脅）要求他開始學義式餐點製作，為四郎安排了學習的時程。為了保住工作，四郎乖乖按表操課，雖不偷懶，也絕不超過。

在以上四個例子裡，我用「興趣」與「主／被動」作為兩條軸線，將「學習」的類型大致分為四個象限，如左圖，「自主學習」當然是在「學習」的範圍。再次強調，在本文裡，我所討論的自主學習將限制在這個架構裡。

首先，我想要先排除「（D）被動且沒興趣」這個類型。雖然在這個類型裡，學習者仍可能有部分的主動性，例如四郎的例子，他理智地「選擇」配合老闆規定的學習計畫，這個「決定」可以被認為是他主動性的展現。可是，要是我們接受這種程度上的「自主」也算是自主學習的話，我們就很難舉出一個反例，而「自主學習」這個詞就會顯得太過空洞。除此之外，我們可以預期，除非有什麼其他的因素介入，否則四郎在完成老闆交代的任務之外，就不會繼續開展他在義大利

	主動	被動
有興趣	A 主動且有興趣 （做夢都會笑）	C 被動且有興趣 （有風險）
沒興趣	B 主動且沒興趣 （別有目的）	D 被動且沒興趣 （排除）

料理上的學習。

在「（C）被動且有興趣」這個類型裡，同樣不能排除學習者有可能是部分主動的狀態，而且因為學習目標與興趣是相同的，學習者的主動狀態可能比「（D）被動且沒興趣」更高。

除此之外，我們時常在報章上可以看到一些由「被動轉為主動」的例子，例如周杰倫「聽媽媽的話『被主動學習』」，後來就一路投入音樂，成了家喻戶曉的藝人。然而同樣都是「被主動學習」，我們也知道很多人因此而與自己的興趣「就此訣別」，有些人因此而開始討厭音樂，也有人雖然喜歡音樂，但卻因為這段被主動的經歷，而對音樂抱持著複雜情感。雖然這些例子不會像周杰倫那樣被報導，但我們每個人大概都聽說過一兩個。也就是說，（C）這種類型可能是有風險的，並不是所有的「被主動學習」都會「被動轉主動」，反而有可能是「有興趣變沒興趣」的結果。

相對於（C）和（D），（B）主動且沒興趣是一個相對容易理解、也比較常見的類型，在現代社會裡，大多數因為工作而展開的學習，幾乎都是這個類型。為了升職、加薪、得到更好工作待遇，人們參加升學考試、學語言、考證照、掌握各種被主流社會認可的技術與形式證明。假如我們傾向於接受「興趣是學習的『積極目的』」，那這種可以完全與興趣無關的自主學習，可以理解成一種「別有目的」的型式。

總結來說，我認為（D）不能算是自主學習，（C）有未知的風險，而（B）大致上是現在社會很常見而自然會發生的模式，不太需要操心。至於（A），假如自己家的小孩真的像太郎這樣遇到人生中想要熱切投入的興趣，大多數家長做夢都會笑吧。

是嗎？

哭笑不得的自主學習可能

小次郎愛上了女僕餐廳。他是那麼熱愛女僕，於是決定要獻身於推廣女僕餐廳的偉大運動裡，他決定了——不，應該說他知道了——這是他的天命，他這輩子要成為女僕的僕人。

有這樣一位找到自己天命而熱切投入的小孩，身為家長的你是否做夢也會笑呢？大多數人應該是笑不太出來。同樣的例子其實不太難找，比方說漫畫家、藝術家、運動員、電競選手等等，當小孩往這個方向展開學習活動時，家長們通常不會興高采烈地上臉書宣布「我的小孩有自主學習的能力三生有幸啊哈哈哈！」

從這些例子看來，在這些家長們的視野裡，有些東西被排除在小孩的「學習」之外，以至於即使小孩已經熱情且主動的開始自主學習了，家長仍然會問「為什麼我們家小孩不能自主學習（數學或英文）呢？」家長們在意的恐怕不是「怎麼讓小孩開啟自主學習」，而是「怎麼讓孩子去自主學習我想要他學習的東西」「怎麼讓孩子去熱情投入我想要他有熱情的領域」。

假若我們仔細設想人的一生，我們會發現即使是（在我提出的架構裡）最嚴格的（A）類型自主學習，也不是很少見的狀態。

當小孩剛出生的時候，他就會開始投入大量的時間與精力，去做那些他有興趣的事，試著凝聚視線、分辨味道、抓握、翻身、坐起、爬行、站立、行走，這些肢體上的，即使沒有「被主動學習」，也沒有一個人會沒有熱情。在那之後很長一段時間，他會試圖理解語言、情緒、人與人之間的關係，指著世界上各種新奇事物仰頭殷切盼望一個解釋。

跳過中間那十幾年，當一個人從家庭中獨立出來，能夠自主決定安排生活之後，大多數人在（B）（C）（D）的類型之外，仍然有展開（A）類型的學習，吉他、烹飪、聽講座、聽音樂、看電影、閱讀、流行服飾或彩妝。

也就是說，通常一個人沒有（A）類型的自主學習，或者說被認為沒有（A）類型自主學習的時期，就是一般認為最應該積極自主學習的那些年，也是一個人的一生中，最有可能被干預學習方向的那幾年。

即使是在那幾年裡，孩子真的就沒有開展（A）類型的自主學習嗎？孩子沒有因為看了灌籃高手，就在大太陽底下跑了一百次小人物上籃嗎？（有的舉手！）孩子沒有因為看七龍珠就學著畫超級賽亞人那個使用過度髮膠的髮型嗎？孩子沒有因為看了某個遊戲解說的實況之後，打開遊戲去練習操作技巧嗎？

還是說，只是因為這些學習都被大人排除在視野之外，以至於大人們在那邊哀嘆「我的小孩不會自主學習」？

假如我們同意（A）類型的自主學習是那麼常見的樣貌，那麼大人們該問的或許不是「小孩怎麼培養自主學習的能力？」而是「在什麼情況下，小孩比較可能開啟自主學習的狀態？至於痴心妄想孩子會「配合」大人，去學大人覺得有用的東西，就不在本文討論範圍了。

「堅持」下去，才是好的自主學習？

另一種（A）類型自主學習的狀況，是小孩雖然主動想要學習一種有興趣的事務，但卻不像太郎這樣只專注在一件事情上，而是在投入一陣子之後，因為某些原因而決定要「暫停」，轉而投入另外一件有興趣的事情上。在這個時候，雖然小孩的學習符合「主動且有興趣」的條件，但家長可能也會懷疑「沒有堅持下去的學習，算是主動學習嗎？」

相較於「隨著興趣轉變的自主學習」，「持續不斷的自主學習」是一種比較少見的狀態，在後者這種狀態裡，人們比較容易成為一個「成功者」，而這兩個標籤符合我們對「理想人生」的某種想像。比方說，一位持續對音樂保持高度興趣並且持續主動練習的小孩，就這樣長成大人，最後走進國家音樂廳的表演台上。人們對「成功人生」的想像與執著固然有其由來，但我在這裡並不想深談。我想要簡單指出另外一種可能性，那就是「普通人生」——我們有沒有可能接受一種普通的人生，就是活著，覺得有意義，覺得快樂？

讓我們想像一個成人，他依靠「（B）主動且沒興趣」的自主學習來取得一定的謀生能力，然後在「（A）主動且有興趣」的類型裡不斷改變主題，這兩年烹飪，過兩年學裁縫，又過兩年研究彩妝，再過兩年跑去打籃球，這樣真的有什麼不妥當或者值得不滿意嗎？說起來，這不就是大多數人的人生？

也就是說，許多家長的問題並不是「我的小孩沒有自主學習」，而是「我的小孩沒有自動自發去學我想要他學的那些」；另一方面，又有一些家長的問題，是「我小孩的自主學習沒有往『理想人生』的想像前進」。

很明顯的，這並不是小孩的問題，也不是自主學習的問題，而是家長想要把自己的期待放在小孩身上，而衍生出的麻煩。

假如是個百年難得一見的自學奇才

像是這種「假如我家小孩可以，但我沒有讓他可以」的擔憂，時時縈繞在許多親職的心中。在我看來，假如我們能夠克制自身對小孩發展方向的期待，盡可能去滿足小孩發展「（A）主動且有興趣」這類型自主學習的條件，並不是壞事。只是我們要記得，這樣的努力未必有效，或者應該進一步說，這樣的努力時常是沒有效的。

我認為我們在試著找出小孩可以不平凡的同時，也要提醒自己記得，小孩也可能終究是平凡的，小孩也可以選擇平凡的人生。在以上的前提下，我想要討論開啟「（A）主動且有興趣」這類型自主學習的條件。

對學習者來說，需要的條件包括「見識與經驗」「餘裕」以及「自我期待」，而從親職或教育者的角度來看，我認為需要「餘裕」與「對期望或投射的克制」。

自主學習的前提條件：見識與經驗

要投入一件自身有興趣的事情，首先得要知道世界上有那件事，小明如果沒見過沒聽過世界上有蛋糕這種東西，就不可能會想要成為一個點心師傅。我們也可以想像，吃過好吃蛋糕的人應該會比沒吃過好吃蛋糕的人，更有可能會想要成為一個點心師傅，看過《灌籃高手》漫畫的人，也可能會比沒看過的人更想要練習投籃。

我認為一個人要投入自主且有興趣的自主學習，得要從知道世界上有那件事情開始，接著要透過某些方式來經驗它。可能是實際的經驗，比方說實際操作鋸子、在田裡除草、跟著大人走進登山步道；也可能是比較間接的經驗，比方說漫畫、小說、電影、電玩。

然而，並非所有的經驗都必然有助於開展自主學習，比方說市面上有一些體驗活動，這些活動將這些行業的刻板印象放大，容易令人有一種「這行業就這樣而已嘛」的綜合感想，比方說空姐就是穿得美美的端飲料、農業就是走進泥巴田裡插秧、手作就是把材料包組合起來。「來！我們拍張照片！」。

這種類型的體驗活動致力於製造一種「萬事皆明亮好玩並且拍張照片紀念」的錯覺，但這些體驗活動彼此之間的「好玩」並沒有差異，也就是說，這些體驗活動並沒有把該職業或技藝會讓人願意獻身投入的特質顯露出來。在最糟的情況下，這類體驗活動甚至放大了主流觀點對這些職業或活動的刻板印象，反而阻礙人認識這些職業與活動的本來面目。

相較於這種體驗活動，我們或許可以想像或找到一些更貼近實際狀況的經驗，比方說透過「打工換宿」實際在農人家裡參與勞動一段日子，或者是對從事該項職業或活動的人進行比較深入的訪問。

不過，即使我認為前述大量運作刻板印象的體驗活動，在大多數情況下對自主學習的啟動應該沒有幫助，但我仍然可以想像，在某一種情況下，有人會因為這種類型的經驗而開展終身的自主學習。

小珠在「當個好奴隸職業體驗公司」參加空姐的體驗活動，按照流程換上空姐制服、模擬上餐點給家長、拍紀念照。對小珠來說，這一切都還算有趣，但也沒什麼特別的，直到她看見一位大姐姐穿著跟她一樣的空姐制服，手上拿著旅行社的宣傳單，非常漂亮，那樣子像極了她那喜歡四處旅遊而早逝的姊姊。這個畫面毫無理由地擄獲她，成為她生命的主要背景。十五年後，她終於如願在國際線的班機上服務，並且持續保持作為一個空姐並且四處旅遊的熱忱。

然而，我認為上面這種例子並不足以支持這種膚淺的體驗活動，或是開啟自主學習，而是提醒我們：一個自主的人，其人生方向可能是很隨機而難以掌握的。

自主學習的關鍵條件：餘裕

「餘裕」可以從兩個方面來談，一是親職或教育者的餘裕，一是小孩的餘裕。

如果我們要帶小孩去開眼界，比方說去農莊打工換宿一個月，除了需要一定的

經濟能力之外，也需要親職本身的其他資源。比方說，伴侶的支持就是一個比較少見的支援（也就是常見的阻撓）。要讓孩子多方接觸各種對勁的活動，也考驗親職搜集資訊、經營社群的能力，在目前的台灣社會裡，我猜它跟社經位置可能有正相關。由於小孩缺乏自主移動的能力，照顧者本身的身心狀況也是重要的條件之一。

以上種種可以被統稱為「資源」的因素，我將其總和的結果稱為「餘裕」。在越有充分「餘裕」的情況下，自主學習越是可能發生。除了親職或教育者的「餘裕」之外，人們很少注意到小孩的餘裕。

有一次有個小孩跟我說：「我每次放學後都很累。上課要發呆，發呆很累；可是更累的是，要發呆而且不能被發現你在發呆，這個真的很累。」在國民教育階段，小孩不能展開自主學習的原因之一，是國民教育大量占據了小孩的時光，小孩不僅沒有時間，也沒有精神。

若是小孩在放學後只想耍廢而不想投入任何活動，可能就跟許多人下班後只想看韓劇、刷臉書、看八卦綜藝節目一樣，並不是什麼主動性的問題，而是他沒有餘裕。這當然也跟個別小孩在學校的狀況有關，我們也可以見到許多在學校游刃有餘的孩子，他們在課後仍然精力十足，還有很多的餘裕，這也可能是因為他們在其他方面擁有較多資源的緣故。

即使個人的「餘裕」可能大不相同，使得我們不可能有一個客觀評估餘裕的方法，但這個觀點仍然能夠修正「想做就一定做得到」「只要努力就一定可以」「假如你沒有成功就是你不夠虔誠」等等將責任完全丟給個人的原子論觀點，讓我們看到外部條件對人可以有限制，也可以有支持。

自主學習的核心條件：自我期待

我認為一個願意持續精進的自主學習者，必然有一份對於未來自我的想像與投射（這必得是來自自身的，而不是外加的）。這種自我期待的想像可能在非常早期的童年就已經存在，比方說想要成為像爸爸一樣的男人，或者像科學小飛俠那樣的英雄。

小孩在遊戲之中，試著將自己投射到扮演的角色裡，模仿那個樣子，想像自己是那個樣子，這與「我用右手丟丟看這顆球，看它能飛多遠」這種類型的學習與探索截然不同，是一種更積極的形式。

因為這個形式的目標指向一個「離現在的自己很遠」的遠方，以至於這種學習與投入可能可以持續很長一段時間，直到小孩發現另外一個「更想要變成的樣子」為止。

個人建構自我期待的可能性，與個人身處的文化之間有密切關係，一個崇尚成功與英雄的社會文化裡，人們可能傾向於期待自己成為一個成功的英雄。另一個有趣的例子，是我們有時會聽見有女孩對於長大的想像是「成為一個媽媽或妻子」，但我們幾乎不曾聽說有個男孩對於長大的想像是「成為一個爸爸或丈夫」，男孩的自我期待更常是太空人、科學家、總統或某一種「成功」或「專業」的形象。

環境若越是能夠提供小孩更多的「典範」，小孩的自我期待就有更豐富的可能性。如果媒體因為某種原因而開始大量報導持家的男性典範，接觸到這些資訊的孩子，就更有可能將自己投射成為持家男性的樣子。社會如果能夠更加重視、肯定女性運動家，有運動天分的女孩就更有可能投入運動裡。

我認為自主學習是一種天賦的能力，但需要條件才能啟動，這些條件包括見識、

餘裕和自我期待。至於大多數親職與教育者所擔心「自主學習」的問題，可能是因強烈期待而造成的視野侷限，看不見孩子其實有在自主學習。小孩所面臨的自主學習問題，除了沒有餘裕之外，缺乏多元的典範讓小孩能夠藉以形塑自我期待，也是一個值得我們努力的方向。

活生生的學習者

對一個教育者來說，「學習動機」是一個很神祕的概念。有經驗的教育者，多多少少都知道一些作法或技巧，有可能可以增加或減低學習者的動機，然而，教育者們同樣也知道，這些技巧或作法，都不能保證最終的結果。

以學習鋼琴這件事情來舉例好了，我們知道有些人如周杰倫所宣稱的那樣，是被逼著逼著就愛上了的，但我們也知道有不少人，是因為從小被逼著練琴，而一輩子不喜歡彈琴的。對於這種情況，我們一直以來都缺乏理論上的解釋，只能用「沒有一種方法適合每一種孩子」來當成解套的說詞。

在〈自主學習是什麼？〉這篇文章裡，我提到我對自主學習的想像，當時我自己確實也覺得這樣分類太過簡略，如還有「主動的被動」或「被動的主動」這些可能性。這件事情我一直放在心上，直到遇見阿如和阿碰，才重新修正我對自主學習的理解。

主動或被動，都不能解釋清楚這些選擇

阿如跟阿碰一起上裁縫課，阿碰很快就決定自己要做一個仙人掌，阿如看到阿碰要做仙人掌後，用一種拐彎抹角的傲嬌姿態，也表示自己要做仙人掌，大概就是「人家才沒有要做仙人掌呢，可是……那個，做一下好像也可以」這個樣子。接著，阿如也繼續用各種技巧包裝自己的仙人掌計畫，讓它不那麼像是「跟阿碰的一樣」，就這樣過了一週。

一週後的第二次課程裡，一開始說要做仙人掌的阿碰遇到一個瓶頸，開始猶豫要不要放棄，教育者給了一個建議，阿碰沒有採納，決定要把完成的半成品改成別的東西，就此岔出去了。

這下好了，開到一半領航員跳船了，阿如會怎麼做？

在教育者的預料之外，阿如竟然接下了教育者原先給阿碰的計畫，決定要把仙人掌這條路走完。

我們要怎麼描述阿如的狀況？為什麼她會選擇模仿，而不是自己想一個主題？

為什麼她在第二堂課裡，又決定不繼續模仿（跟阿碰岔出去）了，而是要自己繼續做仙人掌？可以說，在第一次上課的時候，阿如的主動性比較低，而第二次比較高嗎？這兩次之間有了什麼變化？

先照這樣講好了，阿如是「先（比較）被動，後（比較）主動」，那麼阿碰是「先主動，後……」咦？阿碰其實只是換了方向，並沒有不主動啊。

假如在阿碰的例子裡，我們決定要擴大自己的視野，承認「換個方向」並不能算是「不主動」，那麼回頭看阿如的情況，又真的只是簡單的「先被動，後主動」嗎？她一開始的學習狀態，難道沒有「主動的成分」嗎？假如有，那麼她的主動又表現在哪裡？我們又該怎麼描述這種狀態？

必須跳脫二元的想像

「處境」是「事實性」（*facticity*）與「自由」（*freedom*）共同造成的。

《像女孩那樣丟球：論女性身體經驗》

讓我們根據已知的資訊，再描述一次阿如的狀態：

阿如一開始猶豫不決要做什麼，在阿碰說自己要做仙人掌之後，阿如就用拐彎抹角的方式表示自己也要做仙人掌——「但不是跟阿碰一樣喔」。然而在製作的過程中，阿如仍然持續模仿阿碰的行動。隔了一週之後，阿碰移轉了創作的方向，但阿如卻沒有跟著轉移，反而堅持要把仙人掌做完，並且接納了一個教育者本來要給阿碰的建議。

假如我們只有主動／被動學習這種二元的想像，那我們就只有「被動轉主動」這種淺薄的認識，並且對於阿如「怎麼會」轉變的動機，仍然不清不楚。

於是我們會發現，在這種二元想像裡，無論是主動或被動，其原因都非常「神祕」——因為我們只知道結果，而不（可）能知道確切的原因。這種神祕造成商機，讓各種教養專家或教育專家可以混口飯吃。

我過去一兩年來，是認為這個「主動／被動」之間的「神祕領域」終究是「不可理解」的。就以阿如的例子來說吧，假如我們認真追究下去，會發現造成阿如一開始「顯得被動」的原因非常多，像是負面的學校經驗、負面的學習經驗、親子關係、人格發展等等，都影響了阿如當下的狀態；另一方面，假如我們去追究阿如在第二堂課裡「轉主動」的原因，也會發現並非只有一個原因，可能包括開放接納的教育環境、突然萌生的對自我的期望、之前某一次看到某個作品的感動，而且——這是最麻煩的——可能也包括那些造成阿如被動的經驗，像是學習經驗、學校經驗以及親子關係。

所有細心並且有點經驗的教育者都會知道，教育現場發生的某件事情，對不同的成員會造成不同的影響；而對此事有更多思索的教育者則會進一步認識到，即使是同一件事情，對同一個成員來說，也會造成不同的影響。

阿如的樣子：學習者的「事實性」

有時成員會因為時間與經驗的推進，而對同一件事情有不同的詮釋；有的時候則更極端些，某件事情可能同時對一個人造成兩個相反方向的影響。比方說，當某人看到一件很厲害的木工作品時，這個經驗可以讓他因嚮往而振奮，但也同時讓他自覺不如而卻步。無論如何，這些累積在阿如「身體」裡的經驗，也造就了「阿如之所以是（現在這個）阿如」。

除此之外，一個人在面對一個選擇時，會有許多限制。比方說物理上的限制，阿如她只有兩隻手，沒辦法同時製作很多個作品；還有其他各種限制，像是這一堂課只有兩個小時，如果猶豫太久，製作的時間就會很少。除此之外，在阿如的「身體」裡，還有各式各樣的限制，比方說學習經驗、人格發展的狀態、自信心等等，從小到大累積的各種經驗與認識，都會限制阿如的「可能性」。有時，這些限制遠比物理上的限制對人造成更多的綑綁，讓人難以相信自己是可以的。對於這些內在／外在條件的當下認知，也就是「阿如就是（當下的）阿如」。

「阿如之所以是阿如」加上「阿如就是阿如」，這些內在外在的種種條件的總和，就是阿如的「事實性」。

讓我們試著用「事實性」來描述阿如的狀態。在第一堂課裡，當阿如坐在桌子前面，開始思考自己要做什麼的時候，阿如是在她的事實性裡思考。而在第二堂裡，當阿碰宣布自己要轉向不再繼續製作仙人掌，阿如坐在桌子前面，開始思考自己要不要跟著轉向，她也是在她的事實性裡思考。

我現在覺得，對於阿如的學習狀態，比起「主動／被動」的二元架構，上面這種角度會是更為貼切的描述。或者說，我覺得教育者該做的事情是，先放下主動或被動這樣的「評價」，盡可能面對和體察阿如現在的樣子，才不會鬼遮眼又亂開藥單。

阿如的選擇：學習者的「自由」

對於存在主義者來說，在面對「事實性」的當下，個人總是有選擇的自由。

阿如面對著自己的「事實性」，也可以有所選擇。在第一堂課裡，阿如決定要婉轉地模仿阿碰；而在第二堂課裡，阿如決定不追隨阿碰，展開自己的道路。這就是阿如在「事實性」的前提下，所擁有的「自由」。

思考到了這裡，我們自然而然地跳脫了「主動／被動」二分的框架，進入了阿如的「個人經驗」裡，重新定位了主動與被動的各種可能性。

阿如既不是單純地主動，也不能說是單純的被動，而是在那個事實性面前，活用了屬於她的自由。

綜合了阿如的事實性與自由，就是屬於阿如個人的「處境」。也因為處境是如此個人，在主動與被動之間，主動轉被動、被動轉主動、被動更被動、主動又被動又主動……這些千變萬化的狀態，就是那麼理所當然的事了。去思考阿如的處境，就是提醒我自己——小孩是活生生的人，不是簡單地用一些模式、屬性就可以清楚定義，教養小孩也不是「怎樣就一定會怎樣」。

活生生的學習者

我曾經有一段時間，很著迷於分析個人的狀態。以阿如這個例子來說，我可能會很「專業」地指出，阿如可能是因為怎樣又如何的原因，造成她第一次上課的猶豫與模仿，而又是因為如何又怎樣的緣故，造成她第二次上課的主動與奮起。當然啦，第一次的猶豫與模仿當然都是別人害的，通常也不是我們這裡能夠解決的問題，而第二次的主動與奮起，不用說當然是我們教育者的功勞啦。

像是這樣，拿理論去套用在個人身上，試圖藉著詮釋來掌握這個人的狀態（也掌握自己的工作表現）。

然而，無論我們在教育現場多麼努力接納與開放，好讓小孩能夠伸展自己的樣貌，卻也是會有不主動不奮起的小孩；我們總是一直一直遇到理論無法解釋的情況。面對這個情況，我們過去總是用「時候還不到」或「敵人（那些綑綁住小孩的）太強了」來安慰自己。

而這些說法，有時會讓我們教育者不自覺地標籤了小孩，影響了我們對待小孩的態度。有時，甚至也影響了小孩對自己的認識。

在這些時刻裡，當我們記得去找小孩聊聊、又運氣很好的時候，我們會聽見或看見小孩的想法，才知道，在那些看起來沒有不同的行動裡，其實有小小的突破或轉變。

過去在「主動／被動」的二元架構裡，我們的理論框架無法描述這種小小的突破或轉變，只是覺得「事情果然有在慢慢變好」，而稍微感到安慰。然而，假如我們試著去傾聽和理解小孩的處境，就會知道小孩的狀況既不能簡單說是自主的，也不能簡單說是被動的，而是在面對自身事實性時，他是這樣子運用了自己的自由。

我想，我們教育者在盡力去掌握各種理論或技術的工具時，仍然要盡量記得，**學習者是一個又一個活生生的人，和每一個活生生的人一樣，他們通常既奮起又怠惰，既主動又被動，既堅強又脆弱。**

在我們面前的學習者，是所有理論都尚未抵達之處，是「他之所以為他」的原因和結果。如果你想要多知道一點，你得要試著聽他說。

日記：訓練不等於學習

2歲10個月

夏天了，我們想說讓阿果試著擺脱尿布。加上他容易流汗，這幾天尿布疹超級嚴重，所以我們開始説服他試著不包尿布，準備很多條褲子給他換。

昨天回家也沒穿尿布，我媽忍住木頭地板被尿尿的心疼，讓阿果可以繼續在我家客廳不穿尿布。

老媽想要「訓練」阿果尿尿好一陣子了，為了避免我跟我媽的親子關係緊張，除非我媽強迫阿果，不然我也都忍忍就算了。另一方面，我也對阿果有信心，我不相信很少被外在人為力量勉強過的他，會很輕易地扭曲自己。

第一次阿果直接就尿出來了，木頭地板上一地尿尿。我們幫阿果收拾好，換

上新的褲子。我在旁邊看電視，我媽繼續跟阿果玩

電視看著看著，聽到我媽說要設定計時器，十分鐘以後給阿果吃巧克力。我覺得奇怪，問她：「為什麼是十分鐘後？」她說：「因為十分鐘以後要帶阿果去尿尿，尿完才有巧克力吃。」

呃，火就上來啦。不過因為一直在反省我對我媽講話的惡劣態度，所以還是有意識地忍住，盡可能用比較好的態度說話。

「不要訓練他啦。」我努力忍耐。

「我哪有訓練，那是學習。」我媽緊繃地說。

「那是訓練啦，狗才會這樣訓練啊。『學習』是他決定自己要不要去脫褲子尿尿，不是為了巧克力去脫褲子尿尿。」

我試著解釋那是訓練，不是「學會」。阿果是人，不是狗，他可以自己決定什麼時候要做一件事，甚至決定什麼時候要不要去學會一件事。

「我以前帶過四個小孩，你們兩個也是我這樣帶大的，他們都是狗？你們都是狗？」我媽不爽了。

「對啊，我是狗啊。」啊，口氣還是很差。跟既有的相處模式對抗，還真難啊。

對於我是一隻「訓練有素的動物」這個事實，我現在還在努力擺脫，所以我期待阿果可以從小就用身而為人的方式長大。

「我是狗」這句話大概有傷到我媽，她也不好再堅持下去，就拿出巧克力給阿果吃。我試著扯一些跟電視節目有關的有的沒的，試圖緩和一下氣氛。阿果吃完巧克力，就想上樓了。

我陪阿果上樓，沒多久，他就大喊：「我要尿尿！我要尿尿！」抓著雞雞衝到廁所。我抱起他，把褲子脫掉，讓他蹲在馬桶上，結果真的尿出來啦！

尿完以後，整間廁所充滿了愉悅的氣氛。Give me five 啦！歡呼啦！大概跟跑完超馬差不多興奮吧，畢竟這一路也跑了兩年十個月嘛。

我媽聽到聲音，下樓的時候，問說：「他尿尿啦？」

我說：「對啊。」

我媽：「他自己說的？」

我：「對啊。」

事實勝於雄辯，我媽大概不會再訓練阿果了吧。

呃，至少尿尿這件事不會了。

惜惜第六部

教育現場

失敗的支配

在我的經驗之中，每一個成員保持穩定的小孩團體裡，總是有一兩個孩子握有極大的權力，無論在人與人糾紛中或在團體的事務上，都能夠一言而決。

有一個團體連著兩任的「執政者」都是「女王」。前一位女王離開之後，本來在女王身邊轉來轉去出些餿主意的小宮女，一來因為在團體中年紀較長，二來長久身處於權力中心而深諳各種運作權力的技巧，在經歷短暫的「奪位」混亂之後，成員的階級（特別是在幾位女孩內部）漸漸穩定了起來，小宮女順利登基成為這一任的女王。

從混亂到穩定的過程中，經歷的是一個又一個「試圖支配」「反抗」與終於「服從」的事件，團體中的階級才走到穩定的狀態。

在這篇文章裡，我要說的是在女王君臨團體一段日子後的故事。

有一天，有一群男孩一起加入了團體，他們本來就互相認識，而且共同擁有一種特質，以致於女王的統治終究不能徹底實踐在這個團體的每一個細節。我在這篇文章想要記錄的就是這件事——關於一次「失敗的支配」與這一種特質之間的關係。

在文化中心的廣場有幾個裝置藝術品，這種東西比起罐頭式的遊具，更適合小孩發展各種有豐富內涵的遊戲。孩子們和這些裝置互動，透過你一言我一句的方式，在想像的扮演之中堆疊出遊戲規則。慢慢地，尤達大師跟絕地武士出場，在這些裝置上建造了一個又一個星際基地。男孩們一邊探索廣場上的每一個星球，一邊磨練武藝、打造武器。

隨著尤達大師跟絕地武士們的擴張，女孩們的既有領土逐漸萎縮，當女孩們發現的時候，他們已經只剩下整個星系邊緣的一個星球了。這種行為當然觸犯了女王的權威，她大搖大擺地走近絕地武士最主要的基地，從容地爬上去，宣布：「我占領了這個基地！」

剛好在附近巡邏的一位絕地武士發現了女王的行動，趕緊發出警報：「大師！大師！我們的基地被占領了！」一傳十十傳百，出門在外的大師帶領著絕地武士趕回來，包圍了基地。

被包圍的女王其實沒有表面上那麼無所畏懼，眼前這些傢伙都不是她君權所能徹底控制之人。雖然如此，女王仍舊不是好惹的，她低著頭一言不發，偷眼看著這些男孩的反應。以我對她的瞭解，她大概正飛快轉著腦子，排練各種應對進退的劇本。

大師看著女王，女王低著頭。扮演大師的男孩笑瞇瞇地抓了抓頭，每一個絕地武士都笑瞇瞇地等大師的決定，女王略顯緊張地低著頭。

大師笑瞇著眼說：「走吧，來去巡邏。」絕地武士笑瞇瞇地呼嘯而去。

男孩們的「離開」並不是放棄了這個基地，而是跳出了女王設定的規則（服從或反抗）——證據是男孩子們笑瞇瞇的神情——他們修改了遊戲的規則，把基地的條件放寬，不再侷限於那些裝置。

女王是試圖讓這些男孩服從於她的，她甚至預料到將會遭致抵抗，而（緊張地）準備好跟這些人展開一番爭奪。但女王所預期的全都沒有出現，這些男孩既沒有服從她（將領地獻給她），卻也沒有抵抗她。男孩們拒絕被統治，但也拒絕了一場戰爭。

我一邊訝異於男孩們的行動，一邊好奇女王接下來的反應。

我看見她坐在上面好一會兒，像是在花時間弄懂剛才發生了什麼事。然後她從剛「占領」的基地上爬下來，也放下了這個爭奪的劇本。

兩軍對陣，緊張局勢一觸即發，卻一下子有了這麼大的轉折，本來準備好要大戰一場的女王一下子鬆懈下來，離開了沒有敵人的戰場，回到她的子民之中。

這一群男孩有一個共同的特質，這個特質很可能是在不虞匱乏的成長經歷中累積出來的。他們生理上的需求幾乎總是被滿足，很少被成人規定，譬如說，他們大多能夠隨心所欲地吃糖；而他們心理上的需要也幾乎總是被關注，像是很少會被打罵或威脅，主要照顧者也時常在孩子有需求衝突時，與孩子展開協商。

這些男孩們用一種不常見的方式化解了一場不必要的衝突。我猜想，是不是因為他們幾乎不缺什麼，所以也幾乎不爭什麼呢？

不過，這群孩子雖然跟同儕互動時不太爭奪什麼，但仍然有與人激烈爭奪的時候，那就是跟主要照顧者（通常是媽媽）交手的時候。只是這又是另一個話題了。

女王候補生

阿雲剛來這個團體的時候剛升一年級，「看起來」是個害羞靦腆的孩子，那時團體裡有一個剛升二年級的女王，霸氣四射一言九鼎，還有一個也是升二年級的小宮女，鬼靈精怪刁蠻難纏。

有時女王跟小宮女會鬧些彆扭，這時小宮女會積極拉攏阿雲加入她的陣營，好壯大自身的勢力。只有在這種時候，平常盡被頤指氣使的阿雲才會被重視。但女王不太在乎宮女的小動作，一副「隨便你們鬧」的王者氣勢。我想女王很清楚，在她壓倒性的力量之前，這些小計謀都是沒用的吧。

那時女王已經登基有一陣子了，度過初期那一段民不聊生的日子之後，女王在熟練各種統治技術同時，也因為自身逐漸柔軟而成為一個節制的權力者。到了後來，她會在小宮女出著一些折騰阿雲或其他子民的壞點子時，隨口一句「好啦不要這樣啦，我們去玩那個」，就把小宮女帶走了。

後來，女王離開了團體，在非常短暫的混亂之後，嫻熟各種權力鬥爭技術加上在女王身邊充分實習的小宮女（阿宜），毫無阻礙地登基成為新的女王。

接著又是一段民不聊生的日子，新女王像是掌握了新玩具那般搬弄各種權力花招，搞得阿雲那時幾乎就要不來了。但新女王其實是非常善良的人，她龍心大悅的時候對人像是掏心掏肺的好，讓人幾乎沒辦法不喜歡她。

媽媽問阿雲：「為什麼讓妳不想去呢？」阿雲回答：「因為阿宜。」

媽媽又問阿雲：「那在那裡妳最喜歡誰？」阿雲回答：「也是阿宜。」

在這種情況下，我和阿雲、阿雲的媽媽一直試著保持良好的三方合作關係（這是合作式教育的關鍵），我一邊反覆和阿雲確認她的情況，一邊也盡可能讓阿雲媽媽瞭解現場的情形，讓阿雲媽媽在其他時間裡有足夠的線索可以觀察阿雲的反應；同時，阿雲跟媽媽也有足夠好的信任關係，讓阿雲願意向媽媽說出在我們這裡發生的事以及她的心情。

就這樣，阿雲一邊懷抱著複雜的心情，一邊和我一起構思、磨練各種抵抗技術。媽媽則負責後勤支援跟鼓舞士氣，順便提供我各種關於阿雲的士氣之類的情報，讓我可以在現場琢磨介入事件的時機跟強度。

日子一天天過去，我們終於看到阿雲開始長出力量，她越來越能嚴正拒絕新女王的支配，雖然時常招來新女王無情的制裁，但新女王發現她的統治基礎開始動搖之後，也開始調整自己的統治方式，不再那麼獨裁專制。另一方面，新女王那邊也有所改變，她在跟我們的漫長合作之中，終於看見我們的示範、看見有權力者能夠如何節制自己，而願意成為像我們這般節制自身的權力者。

於是我們度過了難關，新女王升上三年級，從這個團體畢業了，而阿雲升上二年級，成為這個團體裡更有權力的年長者。在這段經歷之中各自掌握了一些能力，讓自己更為接近自己想要成為的人。

在補充新的成員之後，新的團體成立了。在女孩團體裡，下一個王者會是誰呢？一位新的女王候選人來了，我們叫她阿凝。

這個團體裡最有機會成為團體領導者的人（或者說最有企圖心去帶領團體方向的人），目前看來是阿凝，所以許多有趣的互動都圍繞著阿凝發生。

每次在討論團體的方向時，阿凝總是會很積極地表達自己的意見，並且也試著去影響其他成員，在影響失敗之後，也會試著運用一些權力技巧，來試圖將團體往自己想要的方向推動。譬如說，在團體有許多意見陷入膠著時，阿凝會一一去確認眾人的意見，如果眾人的意見非常分歧，她會提出用「投票」的方式來決定。

阿凝目前所掌握的權力技巧還太少，而且她想要支配的人也都不是簡單的角色，其中就有已經不是吳下阿蒙的阿雲。也許是因為都是女孩，阿凝總是會很積極地去拉攏阿雲，我觀察了兩三次聚會之後，覺得好像看到了很有趣的事。

（阿凝跟阿雲在一起挖土）

阿凝：「我們來去玩別的好不好。」

阿雲（沉默挖土）

阿凝：「來去玩別的，那邊那個看起來很好玩耶！」

阿雲（沉默挖土）

阿凝：「欸，妳有聽到嗎？」

阿雲：「啊？妳剛說什麼？」

阿凝：「……我們來玩挖土吧。」

阿雲：「好。」

我逮到一個沒有旁人的空檔，去找阿雲核對：「妳是不是故意不理阿凝？」

有點憨直的阿雲一開始聽不懂我在說什麼，我詳細地解釋：「阿凝是不是有時候會想要妳聽她的話？在這些時候，妳是不是故意假裝沒聽到她在說什麼？」

阿雲露出一個（對她來說已經非常）狡猾的笑容：「對啊。」

在看似平靜的「玩土」中，也在進行著嘗試支配與抗拒支配的實戰演習。

阿雲看起來並沒有問鼎寶座的意思，她目前似乎完全沒有支配她人的慾望，所以她不會是阿凝女王寶座的競爭者；但從另一個意義上，她卻也是阿凝女王之路的挑戰，因為現在的阿雲絕不是一個容易被統治的子民。

在這種狀態裡，在阿凝逐漸掌握各種權力鬥爭技巧之後，她能夠建立一個什麼樣型態的政權呢？又會成為一個怎麼樣的統治者呢？

無論如何，阿凝這個女王候選人的封王之路，佈滿荊棘。

心門外的稻草人

在一個低年級團體裡，有一個孩子小芨掌握了女孩群裡最大的權力，我們有時會半開玩笑地稱呼她為女王。也許是年長加上敏銳的緣故，她掌握了許多運作權力的技巧，在大多數時候都能夠順利支配其他女孩們的行動，也能夠大幅影響團體討論的方向。

在上個禮拜，助教阿虎跟我說女王小芨跟悠悠起衝突了，悠悠去找阿虎幫忙。根據阿虎的轉述，整個故事是這樣的。

悠悠說，小芨跟阿婷和悠悠講好，三個人輪流騎工作室的滑板車，但每次輪到悠悠時，小芨都故意把車丟在地上，讓悠悠沒發現輪到自己，這時阿婷會把車拿去騎，阿婷騎完，就又輪到小芨了。這麼一來，悠悠好幾回都沒騎到，她很生氣，就去找助教阿虎。

阿虎問悠悠：「妳希望我幫妳做什麼呢？」

悠悠說：「我想要她主動來跟我道歉。」

後來，阿虎幫悠悠去問小芨：「是悠悠說的那樣嗎？」

小芨東扯西扯一些理由，像是：「我有放在地上，她自己不騎啊。」

阿虎當時接著對小芨說：「悠悠希望妳直接告訴她，妳到底有沒有要讓她騎。」

小芨說：「好哇。」但她就這麼騎走了，什麼也沒跟悠悠說。

阿虎對悠悠說：「我幫妳跟她說了。」

悠悠沉默了一會兒，突然間轉移了注意力，跑到別的地方去了。

小芨跟阿婷怎麼能答應了悠悠，又想一些旁門左道的理由而不去履行承諾呢？況且滑板車是工作室的，小芨憑什麼不讓悠悠騎？從這個角度想來，我覺得悠悠是受害者，但試著從權力運作的角度來分析這件事情時，又覺得沒這麼簡單。

以我對小芨的瞭解來猜想，她身為這個團體的女王，應該是從一開始就沒有要讓悠悠分享騎車的權力，但她為何要答應悠悠呢？有一種可能，是她被「應該要分享」或「應該要公平」的概念所束縛了。她也許是出於有意識的敷衍，也許是出於無意識的答應，但她其實並不真的那麼想要將車分享給悠悠。至於阿婷，阿婷在小芨登基為女王之前就是小芨的好朋友，跟悠悠的地位截然不同。

首先我們從悠悠這邊來推敲看看。悠悠運用權力的技巧，是「借箭」。她深知（雖然未必是在意識層面上）「應該要分享」「應該要公平」的概念在大人的文化中（特別是在教育場域裡）深受重視，而大多數大人時常不自覺地「借箭」給孩子，出面「管教」不遵守這些概念的小孩。

悠悠去找阿虎「借箭」了。一開始，阿虎似乎「把箭搭在了弦上」，被箭簇指著的小芨因此而更不能直白地回答真心的答案，而只能閃爍其辭地擺出一大堆稻草人準備擋箭。但阿虎終究沒有要射箭的意思（應該說，從一開始阿虎也沒有要借箭的意思），於是小芨終究沒有被「教訓」，悠悠所運用的權力技巧，也沒有成功地為她取得她想要的東西。最後她只好找個台階，讓自己下了這場權力爭奪的戲台。

接著我們從小芨這邊來想一遍，小芨運用權力的技巧又更為細緻熟練。首先她用敷衍的方式來打發掉悠悠的質問和糾纏，接著她根據她對主流文化的敏感度，而預先設計了「把車放在地上，是她自己沒看見的」這個有正當性的理由，好面對可能來的質疑。果然，苦主悠悠就去向「主流文化的代言人（在這裡就是阿虎了）」借箭，但小芨早就準備好稻草人，從從容容地擺出來。另一方面，她也多少知道（或相信）這個教育場域的大人並不會真的把箭射出來——或者即使射出來力道也不會多強勁——於是她終究沒有理會悠悠，揚長而去，驕傲地以勝利者的姿態留在這場權力爭奪的舞台上，等待著挑戰者的下一次嘗試。

誰是受害者呢？

如果阿虎真的把箭射了出去，而這枝箭又強勁得足以穿過小芨的稻草人，小芨是不得不低頭的。雖說她是女王，但終究是孩子裡的王，大人的意志可以輕易粉碎她一時的驕傲與偽裝，重新分配資源，讓悠悠得到她一時想要的事物。這時，受害者倒像是小芨了。

從悠悠的角度看來，或者從權力差距的角度來看，她確實是個受害者。但相對來說那麼弱小的她，也試圖運作從主流文化那裡能夠行得通的權力機制，去得到自己想要得到的力量與資源。

至於阿婷，我想好好說說阿婷。阿婷一直以來都是少了很多心眼的女孩，樸實誠懇，與人為善。當阿虎另外去問阿婷：「阿婷，悠悠想騎耶，妳要騎多久啊，什麼時候要讓她？」阿婷立刻從車上跳了下來，把車丟在地上一溜煙的跑了。面對主流價值的逼近（雖然阿虎未必有那個意思），阿婷手足無措，沒有一點點招架的辦法。也許，阿婷才是這場權力大戲裡最「受害」的人。因為無論成功或失敗，小芨和悠悠都嘗試透過向主流價值（的權力）的調動或抵抗，去爭取自己想要的事物，但對權力運作那麼不敏感的阿婷，展現了被主流價值徹底支配的樣子。

在孩子們（以及我們這些大人）身上所深植的「應該要分享」「應該要公平」的概念，從文化、制度、結構中深植人心，讓人不由自主地服從。我們有時像悠悠一樣向「制度」或「文化」借箭射向他人；有時像阿婷那般在被箭指著（與主流文化不同）的時候毫不猶豫地服從；有時則在心中設置一個小小的檢查機關，像小芨這般檢查自己，卻又心口不一地設置各種稻草人，做出小小小小的偉大抵抗。

身為教育現場最有權力的個體，我想盡可能不成為被制度或文化射出的箭，好讓孩子們安心卸下心門外的稻草人。於是他們也許就能長成比我們更自由的人。

節制的權力者

我認識阿安的時候，他還很小，完全沒有要「社會化」的樣子，就一直保持這種新鮮海產般的生猛活力，一直到三四年級。我還記得有一次有個剛來沒多久、搞不清楚誰是狠角色的孩子，生氣了就毫不講理地往阿安揮一拳，沒兩下就被阿安打趴在地上。阿安的力量一方面讓他在群體之中成為讓人敬而遠之的角色，另一方面也讓他在某些大人不接納的眼光之中被貶抑。

另外一位是阿宜，善良又有點憨呆的孩子，讓人見了就喜歡，但她掌握了各種「社交技巧」，在事情不如她的意時，她那邊說幾句這邊說幾句，無論是人跟人之間的關係或團體的目標，就巧妙地圍繞著她而改變了。於是在團體之中沒有人敢得罪她，但也沒有人要坦率地說喜歡她，人人都對她懷抱著複雜的感情。

還有一位孩子叫阿廷，我認識他時大約是他四年級或五年級。那時，他還是個十分不服輸的孩子，鬥嘴的時候總是要搶著當最後回嘴的那個，玩遊戲的時候即使作弊也是要贏，打起架來更是非得要還手不可。有幾次我們出門旅行，成員裡有時會有他看不順眼的人，就會挑著各種機會激怒他惹惱他，在對方反擊的時候，動用他的各種力量——拳頭、人際關係、「講理」——毫不留情地擊潰對方。

在我的職業生涯中，時常會遇見一些像阿廷、阿安和阿宜的小孩，他們有些力氣大，有些人際關係好，有些擅長搬弄言詞，有些則三者兼具。我將這些孩子理解為「擁有力量的孩子」。他們在還小的時候就察覺到自身擁有力量，於是在各種爭鬥的情節之中，有時是故意，有時是因為無法駕馭，對手時常被他們的力量無情碾壓過去。

在這些力量懸殊的衝突之中，除了照顧被踩踏的人之外，我每次都會試圖讓這些擁有力量的孩子瞭解，他們掌握了多麼壓倒性的力量，而他們又是怎麼樣地使用這些力量，才讓現在的局面變得如此：「你們擁有這麼大的力量，你們可以這樣用，也可以那樣用。你們使用力量的方法，決定了你們是怎樣的人。」

有一次在長途火車上，同行的孩子們一直忍不住用火車上的設備玩耍起來，我三不五時就要在孩子們太超過時離開座位，去要求難以克制的孩子們小聲一些。坐在我旁邊的大孩子看我都坐不久，阿安笑著說：「你好忙啊！」

我問他：「如果你是大人，你要讓小孩這樣玩嗎？」

他說：「當然要啊，小孩很無聊耶，來這裡就是要開心啊。」

我說：「你知道如果都不提醒他們，讓他們盡情地玩，可能會有什麼樣的後果嗎？」

他：「不知道耶。」

我：「我們可能會關門喔，再也不能辦活動了。」

他驚訝地問：「怎麼會？」

我：「你知道現在幾乎每個人都有可以錄影的手機吧？如果有人覺得我們太吵或太過分，把小孩吵鬧或者玩行李架的樣子錄起來放到網路上，新聞很可能就會報導，全國都會看見。你覺得看電視的人會怎麼想？爸媽還會送小孩來嗎？」

他：「對耶，真的會這樣。」

我：「所以，如果你是大人，你願意冒險，承擔這個風險嗎？」

他遲疑了一下：「我還是會讓他們玩。」

我：「這樣啊。」

他又想了想：「不過還是要管一下比較好。」

我：「是嗎。」

他問我：「那你呢？」

我：「我也不知道。你知道芬蘭的火車有溜滑梯嗎？」

他：「對！對！我知道，去年社會營有說。」

我：「人家都可以溜滑梯，我們卻連讓小孩稍微活動一下的場所都沒有。要叫小孩坐好都不要動，他們實在很可憐，可是要完全不管他們讓他們開心玩，我又覺得太冒險了。」

他：「好難決定啊。」

我：「是啊。」

另一次我跟阿安在討論一個總是讓他惱怒的孩子，他說即使和我們相處了這麼多年，他還是不能理解為什麼我們不處罰小孩。

我：「他其實不是一個壞人，他實在是沒辦法。而且他這幾天都有在努力啊，也真的有改變。」

他問我：「我還是覺得他是故意的。」

我：「那是因為你這幾天累積很多生氣吧。你也知道，這種事情要用好幾年才能改變。」

他：「嗯，這也是啦，就跟我一樣，我也花了好幾年。」

我：「你知道他在其它地方，也是會被其它人排擠、討厭的那個嗎？」

他：「我不知道。那這樣他不就有很多不開心累積起來？」

我：「所以啊，他很辛苦。他過去這麼多年所受的種種委屈或辛苦，要花一樣多的時間才能努力補回來。」

他：「不只喔，可能還要更久才行。」

我：「是啊。」

他：「那問題就變成，要怎麼建立一個可以接受他的環境，讓他可以慢慢地補回來。」

我：「沒錯！沒錯！」

他：「一般的地方根本就不可能啊，他這樣一定會被討厭的。啊，這好難喔。」

我：「對啊！對啊！」

他看著窗外，又說了一次：「這真的好難喔。」

也許是長大了，也許是終究理解了什麼，幾年過去，阿廷、阿安和阿宜都漸漸變得不同。阿廷在面對弱小的孩子時多了一分理解和同情，他會走到幾個胡搞瞎纏的孩子身後，溫柔喊著：「你們不要鬧了啦。」至於阿宜，她在一年之中成為一位相對寬容的女王，（偶爾）容許她的子民們自由拒絕她的邀請。

在擁有力量的孩子之中，有些孩子會像阿廷、阿安和阿宜，最終成為在團體裡掌握權力而能節制使用的人，我將這些孩子理解為「（漸漸）懂得使用力量的孩子」。

·

那一年夏天，在黃昏的嘉義公園，我跟阿安並肩坐在遊樂區旁，看著小孩子們蠻牛般衝來撞去。

安：「我長大了也想要加入你們。」

我：「為什麼？」

安：「我想跟你們學東西。」

我：「學什麼？」

安：「看你們要教什麼啊。」

我：「除了這個呢？」

安：「我也想要讓比我小的小孩，學會我已經學會的東西。」

無論北風或太陽，我們想要節制而溫柔的那一個。

日記：國王阿果

5歲4個月

昨天中午辦完事去公園玩，溜滑梯那已經有三兄弟在，像是媽媽的女人坐在旁邊，拿著一枝棍子，滑著手機。她時常抬頭指揮小孩的動作，有時惡狠狠地拿著棍子走出來，作勢要教訓小孩。三兄弟十分爆衝，除非媽媽已經作勢要打人了，否則他們一直沒有停止嘗試各式各樣的肢體互動，特別是那些媽媽明言禁止他們做的動作，他們就更是要做。大的哥哥已經很會「講理」了，他會說：「我就是要做，又不是你在玩，是我在玩。」

從很小的時候開始，阿果到每一個不熟悉地方都不會立刻就開始玩耍，而會待在我們身邊，慢慢地觀察。有哪些人，那些人在幹什麼，直到他覺得夠清楚了，才會開始進去玩。有時覺得夠安全，他可以就跑去玩；有時覺得不夠安全，他會要求我們到某個地方陪他。

昨天他一邊觀察一邊吃麵包，麵包吃完，也覺得可以進去了。他在兩道溜滑梯裡選擇了三兄弟比較不玩的那道，在玩的過程中也避免離三兄弟太近。相較之下，另外一對小姊妹就沒有這樣的意識，於是各種肢體上的衝撞就在所難免。

我們的社會還運作著各種應對進退的禮貌形式，但同時運作的也有個人主義式的權利概念。這時帶兩位小女孩來玩的奶奶會壓抑自己身為老長輩的怒氣，不斷拿捏自己身為一個進步社會的老人家，究竟有多少權利可以在這些小毛孩兒的媽媽面前採取怎樣的行動。她終於只能緩聲制止三兄弟對兩姊妹將要採取的肢體互動，也試圖用「不難堪」的方式來「引導」兩姊妹離三兄弟遠一些些。

媽媽呢，媽媽用盡各種方式，叫罵、揮舞棍子、威脅、溫言引導，但媽媽大概也是累了。她口音聽起來是一位新住民，帶著三個孩子，坐在進步社會裡的公園，卻仍然不能深深喘一口氣。

但三兄弟跟兩姊妹，五個小孩們，卻不領情。也許小孩們只是在玩，並不十分介意這種程度的肢體互動，也許是因為一直被大人用各種方式禁止，而心生反抗，總之，小孩們玩得很激動，讓一旁的大人個個都很憂心。

阿果偶爾停下來觀察局勢的演變，再判斷自己要做什麼。當三兄弟跟兩姊妹換到他原先玩的這個溜滑梯時，阿果走到另一個溜滑梯去坐下，準備溜下去。最小的那個弟弟擋在下面，指著阿果大叫。阿果坐在那裡看著他，不能理解他在做什麼，阿果又看看我，聳了聳肩，但沒有喚我過去幫忙。小弟弟開始更大聲地叫喚他的兄弟來幫忙，年紀最大的哥哥偷眼看著站在一旁的我，我雖然沒有回看他，但他終究沒有過去加入他的小弟弟，他也已經長成一個會看局勢的大人。

阿果趁著小弟弟離開溜滑梯路線去找哥哥們的時候，趕緊滑了下來。小弟弟看見了，非常氣憤。

阿果走向我們，說他要回家了。

我問他：「你是覺得很危險嗎？」

有著複雜笑容的阿果說：「對。」

但事情還更複雜。

我向他說明我看見的事情，用他目前可能可以理解的方式。

這世界並不是由好跟壞、對和錯所組成。而是由委屈、辛苦、猶豫、痛苦、難堪、氣憤、擔心，種種複雜的人性所組成。

希望你能成為多少理解這些的人。

5歲5個月

前幾天跟阿果說，我覺得他已經漸漸具有一種力量，可以讓朋友們聽他的話去做一些事。我問他知道這件事嗎，他說他知道。

我說這種力量可以讓人開心，也可以讓人難過。阿果問我要怎麼辦到，我舉例說，如果他邀請朋友不要跟某人玩，那麼那個人就會不開心，相反地，如果朋友們不跟某個人玩，他邀請朋友們跟他一起玩，那麼那個人就會開心。

今天聽說阿果去朋友家玩，跟好朋友們一起排擠別人。我又重提這件事，我問他要選擇讓人開心，還是讓人難過。他說他只要讓朋友開心。我跟阿虎都覺得這是很自然的選擇，但我跟阿虎有時會選擇另一個選項，我們開始討論一個人究竟如何會多出一個選項。我注意到阿果在旁邊聽，就跟他解釋我們在講什麼。

我突然想到要問他「你覺得爸爸媽媽會怎麼選？」

他說：「爸爸媽媽應該會選要讓那個人開心。」

後來我們討論到「可能是因為阿果還不能理解被排擠的心情，於是不會想要做出那樣的選擇」，於是我試著提醒他也曾有這樣的經驗。在週一的課後團體裡，他曾經有好幾次被那個團體的女王排擠，他那時又難過又不知道原因。

想起了這件事，他突然間有了體悟，他說：「這就好像傳染病，我不開心，就讓別人不開心。」

我說：「對耶，有像。」

他繼續想：「那麼，那個讓我不開心的人是誰讓他不開心？」

我說：「我也不知道。」

他說：「應該是有人讓一個人不開心，那個人又讓他不開心，他又讓我不開心，我又讓別人不開心。」

我說：「可能是這樣喔。那麼，你有想要讓傳染病從你這邊停止嗎？」

他說：「嗯，我想要。」

我說：「這也是爸爸媽媽會那樣選的原因。」

其實他受過的傷很小，所以我相信當他的各種能力更強時，他就不會再輕易加入朋友們排擠人的團體了。但能夠在這個時候聽見他這麼説，還是覺得很高興，他是這般完好地活下來。

惜惜第七部

愛的力量

媽媽頭上的緊箍咒

從懷孕開始，從女人多了「母親」這個認同開始，她就進入了（另）一個被觀測與評價的系統裡。從懷孕的時候體重可以增加多少、哺乳的時候能不能吃什麼，一直到「小孩小學前要學會的十件事」，都在告訴這些身為媽媽的女人們，要怎麼樣才能當一個「夠好」的媽媽。

媽媽的各種困難

「自己是不是一個夠好的媽媽」，大概是媽媽們都有的焦慮。因為工作的關係，我時常聽到各種媽媽的各種焦慮。（至於為什麼沒有聽到爸爸的焦慮？那就是另外一個更複雜的問題了）

我能不能強迫小孩刷牙？強迫小孩會不會造成後遺症？

我能不能叫小孩自己穿衣服？幫小孩穿會不會變成媽寶？

我能不能幫小孩跟老師溝通？這樣會不會被當成怪獸家長？

上面這些問題，每一個都可以在網路上找到很多「教養文章」，很了不起似地想要告訴媽媽「照我這樣做就對了」。而假如有一個媽媽在臉書上公開貼了這種煩惱，不管她想不想要別人建議，都會有許多「成功經驗」貼在下面，讓她知道如何去當一個能夠解決這些問題的好媽媽。

在這個人世間當媽媽真是一個內外交煎的緊箍咒，每看見媽媽們因為小孩某些小小的反應而患得患失自我檢討時，我都想幫忙大喊：

「當媽媽好難啊啊啊啊啊！」

大喊完，首先我們要聊一下緊箍咒（？）。先來說一個前兩天我給小孩唸的床前故事。

有一次唐僧師徒在某個荒郊野外，白骨精附身在一個小孩的屍體上跑來搭訕，孫悟空因為有火眼金睛，一看「這妖怪變的啊」就扁了下去。白骨精丟下撿來的屍骨跑了，唐僧覺得悟空濫殺無辜，就唸了緊箍咒，悟空求饒才停下來。又過了一陣子白骨精附身在一個女子屍體上哭哭啼啼跑來找兒子，悟空一看這妖怪又扁了下去，白骨精重施故技，唐僧又唸了緊箍咒，悟空又求繞才停下來。又過了一陣子，白骨精附身在一個老人身上來找媳婦跟孫子，悟空一看這妖怪又……等等，一直這樣寫下去不是在騙字數嗎？於是作者終於拿出一點自尊心改了一下，悟空這一次心裡的小警總開始查水錶：「悟空先生在嗎？查水錶。」

悟空心想（我只是參加個讀書會應該沒什麼問題）要是打下去，師父又要唸緊箍咒了，但我要是不打，師父不就被抓走吃掉？我真的要打嗎？

唐僧主張「不能濫殺無辜」，這也許是一個悟空也未必反對的事，但唐僧看不見（沒有火眼金睛）悟空能看見的情境，不能真正理解悟空的擔憂，卻又想要指出「正確」的做法，甚至還能懲罰不照他的意思做的悟空。一而再，再而三，悟空幾乎就要失去了自己的判斷，在心裡生出了一個「小玄奘」，逐漸開始自我審查自己的行為。

透過緊箍咒控制孫悟空的是糊塗唐僧，而控制媽媽的緊箍咒之一，就是那些如同玄奘一般，總是愛指出「正確作法」，但卻看不見（或不去看）「人的處境」以及「人的選擇」的教養文章和教養書，以及滿街上拿著這些東西去對著媽媽指指點點的人。

刷不刷牙、穿不穿衣、上小學前要做哪些事情，在每一個親子面對的困境中，都是截然不同的。就算媽媽跟孩子經歷千山萬水琢磨出了一個作法，還是有的爸爸支持，有的阿婆反對，有的隔壁阿伯特別愛碎唸，那絕不是按照某本書上的某個標準程序操作，就能「正確」的事。

當一個獨立的媽媽，相信自己的判斷

在「教人家當媽媽」這件事情流行（？）起來之前，媽媽們本來可以在教養現場評估自己的處境，進而按照自己的判斷行動。但在教養書在書店裡可以擠滿一個專櫃的現在，那些自我彰顯（就是一副「照我做的就沒錯」）而有意無意強調「正確性」的教養方法，在「看不見」媽媽實際身處情境的前提下，貶低了媽媽自身的判斷，並且將媽媽的行動逼進「非對即錯」的二元框架之中，讓媽媽陷入「做到了而自滿」或「做不到而自責」的死巷裡。

少數的媽媽們，自認為自己的教養方法無懈可擊，在網路上分享卻被指出盲點，又用「尊重大家的說法，但你的方法未必適合我的小孩」的說法來迴避他人的質疑與自我反省（那你的方法又適合其他小孩嗎？），是在「非對即錯」的教養死巷裡，陷入自滿的模型。大多數的媽媽們，則在這種「非對即錯」的框架下開始內建了「小唐僧」，自我懷疑且小心翼翼，走入了「自己是不是做錯了」的自責模型裡。

每次遇見這樣忐忑自責的媽媽，我總是想像自己站在「非對即錯」這個死巷的巷口，試著向巷子裡的她說明，其實她可以相信自己的判斷，並且做出自己的選擇。每次她們問我：「我這樣那樣，小孩會不會變成○○的大人？」的時候，我總是回答：「這種程度沒問題啦。」

「這種程度沒問題啦。」這多少有一點場面話的性質，畢竟我並不真的能看見你所看見的事情。但我的媽媽朋友們，我衷心希望，我這樣說的話，作用在妳們頭上的緊箍咒會稍微沒那麼緊一點。有機會的話，我也會幫妳們罵一下那些明明看不見妳們看見的事情，卻又愛指手畫腳的唐僧們。

談教育也要談戀愛

如果你在Google打上「豬隊友」加上一個空白鍵，你會發現老公的順位還蠻前面的。

在幾個不同的工作坊裡，我都被問到「跟老公在教育上有不同的想法怎麼辦」的問題，為了解決這個問題，我甚至嘗試開了一期「給邪教徒的伴侶的教育工作坊」，想要試著跟這些老公們對話，看看能不能讓他們瞭解這些基進教育邪教徒到底都在想些什麼。

因為也期待同性戀或其他伴侶關係的朋友參加，所以我沒有預設參加成員的條件，但那一場工作坊的參加者都是異性戀婚姻裡的男性，幾乎完全沒有自願者，大多數是「被告知應參加」，甚至還有開玩笑說「在離婚證書上簽名跟參加工作坊，自己選一個」的。結果呢，面對這些「被壓迫者」一整天，場面雖然不至於太難看，但結果其實也沒什麼對話到。

在那之後，我又想了好一陣子，並且也試著傾聽與協助釐清一些「伴侶之間教養觀念不合」的例子，然後我突然間覺得，也許根本就不是教養問題。

媽媽的怒吼：電死那個豬隊友

我曾在幾個不同的城市辦了一系列的「惜惜（sioh-sioh）工作坊」，在這個工作坊裡，我們從惜惜小孩的例子出發，討論我們如何應對人的情緒與需求。我在討論中發現，大多數的媽媽們竟然是不會「被惜惜」或「討惜惜」的，這違背我一直以來的刻板印象，我還以為女人比男人更擅長被惜惜。

如果男人跟女人都不會惜惜也不會被惜惜，人在關係裡的那些情緒跟需求，到底有沒有被好好承接呢？

於是我請這些媽媽們試著描述，當「親職照顧分工」不符合她理想情況時，她們會怎麼面對。這種時候，現場的情況通常就有如「捅了馬蜂窩（那絕對不只是個比喻）」，那個同仇敵愾啊，令人印象深刻。

比方說「好不容易把小孩弄得穩穩當當開開心心，到了晚上準備要收工了，老公下班回來本來期待他換個手可以做點家事或休息一下，沒想到接手過去沒兩下兩個人都爆炸了，又得要重新惜惜小孩」；比方說「本來老娘帶小孩安排小孩的教育非常忙碌，還要做家事，老公也不幫忙，就知道唸小孩。」

「那你們遇到這種情況都怎麼辦？」我問。

「當然是忙完小孩之後跟他算帳啊！」同仇敵愾啊，士氣如虹。

我心想，妳們殺氣這麼凶猛，也就不奇怪許多老公會抱怨「你們對小孩那麼人本，對老公根本就不人本啊啊啊！」

對小孩的時候，要先承接情緒再處理事情；但對老公的時候，就電死他。

對小孩的時候，要傾聽、理解他的脈絡；但對老公的時候，就電死他。

對小孩的時候，要不打不罵不威脅不利誘不評價；但對老公的時候，就電死他。

電死豬隊友，然後呢？

假如近期內沒有換伴侶的打算，尋求一種可能的溝通方式大概還是不錯的方向。

人有時是「先反對一件事情，再為那件事情找理由」，而人之所以反對一件事情，有時只是因為心情好不好。

假如伴侶關係中的一方一直覺得自己沒有被好好對待，那些需求跟情緒都無人承接，然後回到家又看到小孩一直被自己心愛的伴侶視若珍寶，一點點微小的皺折都被仔細地燙平，那麼他覺得人世間充滿了不公平的心情我覺得很可以想像。

帶著這種心情，看什麼都不順眼，但挑剔家事在這個女權上道的時代已經太low了，挑剔穿著什麼的更是找死，剩下的話題裡，看起來跟自己有點關係還說得上話可以耍兩下嘴皮子的，也就只有孩子的教育了。

我覺得要判別是不是借題發揮，有一個方式可以試試看。

伴侶：「我覺得小孩一哭就去惜惜他，這樣小孩會沒有抗壓力。」

我：「我也覺得抗壓力很重要。（先肯定對方意見中自己也同意的點，找出「我們」的基礎）」

伴侶：「所以不要一哭就去惜惜他啊。」

我：「我其實也有點猶豫這樣好不好，我也一直在考慮這一件事（坦承自己不確定的部分）。可是有一種說法是，小孩的情緒跟需求沒有被好好承接的話，會變成壓力，並且會損害大人跟小孩之間的信任關係，以後小孩有重大的困難可能就不會想要來尋求我們的幫助。我不想要那樣，你應該也不想要那樣吧？是嗎？（試著提出自己的核心關懷，確認對方的支持）」

在這個情況下，假如對方可以明確地表態自己反對「小孩有重大的困難時，想要小孩來找我們商量」，那就確實有可能是意見不合，反之那就溝通成功，可以繼續往下討論「有沒有一種方法，可以兼顧抗壓性跟親子關係」。

然而，假如你一直試圖放軟態度釐清話題，但對方也許逃避表態，也許把話題四處亂繞並且口氣很差，像是這樣：

伴侶：那你說說看怎麼辦啊？我們以前就是這樣長大的，我們也都好好的啊。（不明確表態）

我：我知道我們也是這樣長大的，但我在想，我們也許可以有其他方法。

伴侶：反正你們就是這樣，太理想化。（亂貼標籤結束話題）

如果是這樣的話，我覺得就很有可能是「來找碴的」。

一個對自己的情緒狀態有所覺察的人，多少都能察覺到自己曾經處於這種狀態之中，看什麼都不順眼，而且都能說出幾個臨時拼湊的理由。在小孩身上，這種情況也很常看見，尤其是小孩隱藏情緒跟掰理由的能力都比較弱，很容易就可以分辨得出來。

那麼，這種情況發生在伴侶身上其實也是理所當然的事，奇妙的反而是，為什麼我們之前都沒把這件事當作一回事呢？

治標又治本的惜惜撇步

問起媽媽們上次撒嬌是什麼時候，大概都是「上輩子」的事（這已經是一個哏了……很多媽媽都說，生小孩之前的人生恍如隔世啊）。有趣的是，有許多媽媽還蠻常跟小孩撒嬌的。

於是在幾個工作坊裡，我開給（近期內沒有打算換伴侶的）媽媽們的作業是回家跟老公撒嬌。這當然不是說老公沒有撒嬌的義務，但如同在面對親子關係時，改變的起點必然是有所覺察的那一方，在面對伴侶關係時，當然也是如此。我也想開工作坊給爸爸們教他們撒嬌啊，但他們又不來，這我有什麼辦法。

我知道有人要開始厭世地哀嚎：「靠夭為什麼又是我？」「能者過勞！嗶嗶嗶！」

不過你至少還是有換伴侶這個選擇啦。

除此之外，我也想提供一個效益上的誘因，讓你也許更願意嘗試改變。

第一種情況是，你把一天中百分之百的力氣全部拿去惜惜小孩，小孩得到百分之百的能量。到了晚上，因為一直缺乏關注的不良中年伴侶開始弄小孩，讓小孩一下子損失百分之五十的能量，結果就是你得要加班了。當你加完班，你開始去找伴侶爆炸，要不是立刻大吵一架，要不就是伴侶更加懷恨在心。一個惡性循環的節奏。

第二種情況是，你把一天中百分之七十的力氣拿去惜惜小孩，小孩得到百分七十的能量。到了晚上，你拿出剩下百分之三十的能量惜惜伴侶，伴侶一瞬間覺得「今天是發生什麼事了？」受寵若驚心花怒放，看什麼都順眼，花枝招展地去跟孩子玩耍照顧小孩，小孩開心睡覺了，你搞不好有更多自己的時間喔。一個買一送一的節奏。

戀愛解決一切難題

另一個在工作坊裡我會問到的問題，是「談戀愛的時候，你跟男朋友意見不合時，你會一直跟男朋友講道理嗎？還是比較會撒嬌？」答案是大多數人在上輩子的時候都還蠻不講道理的，其實都還很擅長撒嬌跟討惜惜的。

於是呢，再仔細看看眼前的這個人，假如還是你那麼愛的人，也許你能夠覺得，向他撒嬌不是一種「能者過勞」的犧牲或是通往「更好溝通」的手段，而就只是繼續談戀愛而已。

我覺得啊，共同養小孩的伴侶關係，談教育也要談戀愛啊。

為何爸爸總是被哭爸

我最近兩年的主要工作，是到處去跟人家聊教育或教養的問題。要處理教育或教養的問題，就不可能忽視媽媽的結構困境，一打多、假性單親、社會對母職的不合理期望，各種各類，而其中最常見的一題，就是：

伴侶很煩。

我主要的工作對象都是異性戀，至今只遇過一對同性伴侶。除此之外，在我所有的親職工作坊裡，全部都是女性的比例大概超過一半，剩下一半有男性參與的，現場的男性通常也不會超過百分之十，所以這個「伴侶很煩」的「客訴」，幾乎都是異性戀關係裡女性對男性的「投訴」。都在哭爸（台語正字）。

「一直下指導棋，又不自己做，是哪招？」

「明明自己對小孩也很好，我對小孩好又在那邊靠北。」

「反對這個反對那個，反駁他他又生氣，不反駁他他又說我沒想清楚。」

「一個理由被推翻就講別的理由，到底是誰不講理啦？」

在仔細聆聽這些客訴細節的過程中，有一次我突然間意會到，這些「很煩」的男性伴侶其實根本不是要「討論」或「爭辯」教育問題，他們根本就是來找碴的，就是在刷存在感啊。我跟媽媽們提這個想法，有許多人同意這個猜測。

然後我們免不了會提到性的問題。

有很多女人在生子後就沒什麼跟伴侶做愛的慾望，但伴侶卻一如往常地需索，有些甚至更加頻繁地要求，反而讓女人感到厭煩。有的能忍耐的當成「勞動」來配合，有的不能忍耐的，就變成兩邊拉鋸的引爆點。

本來都還好好的啊，為什麼生了孩子一切就不一樣了？這到底是怎麼回事？女人發生了什麼事？男人又發生了什麼事？坦白說，這也是我和伴侶長期的困境與迷惑，所以為了私人的幸福與全異性戀人類的福祉，我一直在思考這件事。

直到最近，我有了一個蠻有趣（也很悲哀）的想法——

我們這些男人都掉下懸崖了。

持續摔落的男人們

在這種對「我們」的想像裡，「我」「他」跟「我們」之間的界線難以被劃定，而是連續流動的，有如母親與孩子的血液一般，連續流動在個人與「我們」之間。也就是說，對某些母親來說，她與孩子的可能不是「個人與個人」的關係，也不是「集體與個人」的關係，而是一種「我」與「延伸的／部分的我」所組成的「我們」的關係，是一種「分裂的我」彼此之間的關係。

在許多工作坊裡，我跟媽媽們核對她們是否有這種經驗，發現至少有一半的媽媽們都很明確有這樣的感受，認為自己完全沒有的人，則大概有十分之一。而假使媽媽跟孩子之間的關係是「我與延伸的我」，那麼媽媽對孩子的愛，幾乎可以說是對自己的愛。

以我自身的例子來說，在小孩出生，日子逐漸進入「日常」之後，我突然間發現，我的伴侶不一樣了，她的眼神不如往常那樣總是看我，她的手也不如往常那樣總是觸摸我，她甚至拒絕我的求歡。

「她不那麼愛我了。」是這樣嗎？我不那麼確定。她對我的愛是不是減損了？

其實可能不是這樣。想像一下，在原先的一對一異性戀關係裡，女人愛男人的程度若是十分，那麼在生產之後，女人愛男人的程度未必有所減損，而是女人愛上了另一個（延伸的）自己，而那段關係也許有十五分（以上）。

也就是說，男人跟女人的關係未必減損了，但要是將這段異性戀關係與母子關係比較，「差了一大截」的狀態可能是顯而易見的。

女人不需要你的「雞肋」

除此之外，在許多媽媽的回饋裡，我們也知道有些媽媽在哺乳時能夠得到情慾上的滿足，有些純粹是精神上的，有些則還有生理上的。而這些跟小鮮肉一起的滿足可以取代伴侶之間的愛撫與性行為，使女人更不需伴侶的蒼白肉體。

更慘的情況是，如果一個男性跟以前的我一樣，是從A片裡自學性教育的話，就會以為所有的女性都很享受陰道性行為，而不知道有許多女性其實根本不那麼在乎你的雞肋（？）而更在乎我們不那麼在乎的、以為是「前戲」的觸碰與情感連結。又假設他的伴侶剛好就是這樣的女性，而他們又沒有好好詳細談論這件事情的話，一個悲慘的家庭故事也許就這樣開始了。

也就是說，異性戀伴侶在生小孩之後所遇見的狀態，有一種可能是「女人遇見了一個更愛的第三者」，而且那個第三者（小孩，也就是女人延伸的自己）還是男人絕對不可勝過不可對抗的對象。而且那也是不可阻止不可逆轉的，畢竟誰能夠阻止一個人去愛自己呢？

還在墜落的絕望男人

以前文對女人的分析為基礎，我覺得男人面對的處境，是有如掉下「關係的懸崖」般的絕望。

對我以及許多男人來說，射出去的東西就是「他者」了，我們既然從來沒在意過衛生紙裡那些無緣子女（？）的感受，那麼射進陰道裡的，恐怕也沒有多大的關注。

我曾經想過「伴侶跟小孩要死一個的話，要死誰」這種蠢問題，發現沒辦法決定。我雖然傾向於「孩子可以再生」，但又覺得失去這個孩子的創傷，會讓我們無法繼續在一起生活。就像那些曾經見過的劇本一樣。對我來說，伴侶若是十分，小孩大概是八到十分吧。

然而，當我從她們的母子互動察覺到（未必是意識上的），我的伴侶跟孩子之間的關係，遠遠地超過我跟伴侶的關係，這一點讓我非常不能理解，當然也不能接受。可是媽媽愛孩子、觸碰孩子、為孩子做事，都是那麼應該而理所當然，我甚至根本不知道我該抱怨什麼。

於是我開始要求伴侶、無意識地跟小孩競賽，要求她對我做得更多更好。我做了各種我覺得不錯的事去討好，也做了各種我覺得不妙但控制不了自己的事，去傷害。直到最近，我終於在這些分析裡發現並且承認，他們之間的關係終究是不可超越的。

我的伴侶終究不再只是我的伴侶，她更是孩子的媽媽，是那個「延伸的自己」的伴侶。

回過神來，我才發現我已經身在谷底，仰頭看著他們之間高不可攀的關係，想著我是什麼時候掉下來的？接下來我又該怎麼辦？

做一個熱氣球，一起緩緩降落

自從接受「我跟伴侶的關係，終究比不上她跟孩子的關係」這個無可逆轉的事實之後，至今我仍在感受這個絕望。我向伴侶訴說我的分析以及我的感覺，確認她的經驗與感受，並且試著尋求她的體諒——關於那些我在墜落的過程中，因為莫名的慌張與恐懼，而難以控制的行動和胡言亂語。

當我們都知道我們發生什麼事情之後，我們開始不再那麼依靠直覺來行動。我們更積極安排約會，更重視彼此的觸碰與互動。我不再跟小孩比賽誰得到的比較多，而更專注在我跟伴侶的關係裡；我的伴侶也有意識地調整她的時間與關注，讓我能夠盡量得到「十分」的感受。

我（只能）向她要一個熱氣球，邀請她跟我一起緩緩落下。

事實那麼殘酷，但我們還能相愛。

後記

放下吧，去吃個蛋糕

在這本書的編輯初期，我們有兩份材料，一份是我這兩年（二〇一六）開始在SOSreader網路平台（現在叫方格子VOCUS）的專欄文章，另一份則是從阿果兩歲左右，持續書寫記錄的「阿果記事」。專欄文章是很囉唆的教育思索，在網站編輯陳大中的專業協助下，我很滿意這些文章的品質；至於阿果記事，則大多是鬆散的散文，這兩份材料要放在一起出版，應該是很為難的事。多虧了編輯拉麵的才智跟投入。

在考慮整本書的軸線和書名時，我們前後翻盤了好幾次，要不是嫌棄太「普通」，要不就是擔心太繞口難以被讀者「一眼看懂」。左右為難之下，我們半開玩笑地決定要請臉書上的網友們幫忙取名字，在幾百則留言中，最後我們看上的是「懶教養」這個概念，後來微調成「懶得教」，就這麼決定了書名以及書的主要軸線。

「懶得教」不是「不教」。

在當代的教養敘事裡，某些專家們在誇談「怎麼教」，或傳達「你教錯了，照我的來」的鐵口直斷，甚至散佈「這樣教得不夠，像我這樣教才夠」的教養焦慮。教養對家長來說，既是一種不能輸的軍備競賽，也是一種時時被他人凝視的、不能犯錯的道德考驗。

難道只有通過考驗的人，才是夠好的父母？

這本書想要反對這樣的價值，也反對那些便宜行事、過度簡化的教育想像。即使幾經思考與反省才決定了書名，並且在文章的選擇與編排上試圖傳達我們想像的軸線，但在這個教養書多如天上繁星的時代，為了保險起見，我覺得仍然有必要在這本書最後的這些文字裡，向讀者們重申一次我對這本書的期待。

對我來說，這本書一方面想要告訴大家，身而為人，我們在教養現場就是有放不下又沒來由的堅持，會有自私、愚昧和幼稚，在各種人的脆弱與無能襲來之際，照顧者除了先照顧自己之外，沒有更好的選擇。在承認自己做不到、承認自己虧待小孩的時候，也許我們不可能不懷抱著虧欠感，但這份虧欠感是好的，它可以讓我們有動力去思考、去設想一個對小孩、對自己都更好的可能性。

幸運的是，小孩愛的不是完美無缺的父母、不是完美無缺的照顧者，而是「他的父母」「他的照顧者」。即使你不完美，小孩仍然無條件地愛你，就像你（可能）也願意無條件愛他一樣。

另一方面，這本書也想要傳達，在教養現場裡，假如我們能夠逃離軍備競賽與旁人眼光，進而得到一絲靜思的清明，那我們也許就會發現，我們其實是那麼願意跟孩子親密起來，而不願意為了那些「冷靜想過就會發現並不真的重要」的那些堅持，跟孩子日漸疏離。

也就是說，我覺得在這個教養專家百花齊放的年代，我們並不是像某些教養專家說的那樣，是「教錯了」或「教得不夠多」，反而是被他們煽動得不得不教、被他們恐嚇得三天兩頭變著方法去用力教，因此而教得太多太用力了，不知不覺就過度干預了孩子的自由與發展，而處處跟孩子對立了起來，損傷了親子關係，也妨礙了小孩的自主與發展。

假如本書的讀者接收到了上面這些訊息，而願意承認我們確實有過多的焦慮，並且想要繞過這些焦慮，試著跟孩子更親密，那麼，我在本書裡提供的路線，就是「懶得教，勤惜惜」。

在我的身邊，「懶得教」的家長越來越多。我們試著在工作坊裡探索這本書裡的這些議題，檢驗我們跟孩子之間的權力差距，思考零用錢對孩子用錢觀念的影響，練習「惜惜」的實作技巧，並且進一步思考我們的伴侶關係，想要試著讓拖後腿的伴侶轉變成惜惜孩子的伙伴。

我們還在FB上使用「#百善惜為先」的hashtag，來標記我們的教養記錄。跟那些總是標舉自己「教得多對」的文章不同，我們在這些文章裡提醒彼此不要太焦急著要去教，反而破壞了親子關係。我們也在偶然間教養焦慮發作的時候，發一篇文章到FB，或者傳訊給同樣接受「百善惜為先」的教養同伴，接受同伴們的慰問與質疑，讓自己不會被焦慮拖著拖著，就去做了自己其實並沒有那麼想做的事，造成了自己其實不那麼想要的後果。

我們會在對方教養焦慮發作的時候，建議對方：「放下吧，去吃個蛋糕。」吃完蛋糕之後，心情好了，有精神有力量了，我們再去找小孩好好地連結，說說心底的話。

距離這本書的編輯拉麵第一次跟我說「來出本書吧」，應該一年半多了。老實說，這一年半我雖然也不是沒有「來出本書吧」的心情，但其實也提不起勁來多

做點什麼，就只是繼續在教育現場打滾、陪阿果長大、努力維持跟伴侶的戀愛關係，並且保持穩定寫作的習慣。

阿果又長大了一歲半，現在已經八歲多了。這個極端的教養實驗，在許多面向上已經到了足以「成果驗收」的情況，像是書裡提到的「家庭所得共有制度」「阿果跟3C產品的關係」「自主學習的能力與成果」「溝通的能力」等等，都有一些暫時性的結論。關於這些「實驗結果」，雖然沒辦法在這裡清楚的說明，但試著用一句話來說明的話，那就是「像你我這樣的一般人，既不特別了不起，也不值得特別擔心」。

我想要透過這本書傳達給父母或照顧者們的，並不是我們多會教，反而是「像我們這麼誇張都沒什麼教，你們也許不用這麼焦慮。」

像我們這樣，努力對抗教養焦慮，把教東教西的力氣省下來，用在惜惜小孩上，最後長出來的阿果，就是一個值得我們無條件去愛的人，而他也是那麼無條件地愛我們。也許你也可以試試。

「放下吧，去吃個蛋糕。」

在最後的最後，我要感謝讓這個實驗能夠發生的人，廣義來說，這些人都是「實驗人員」。

我跟我的伴侶是獨立教育工作者，這是一個收入非常不穩定，而且也非常難以向家人說明的職業。阿果能夠在「雙親都在」的環境裡長大，而不是在「爸爸是工程師很少見的可以吃嗎」的家庭長大，要多虧了我們雙方家庭的包容與支持，是因為他們是那樣無條件地愛我們，我們才能這樣無條件地愛阿果。

也是因為工作的關係，我們的生活裡有許多對孩子溫柔包容的大人，他們每一個都願意好好聽阿果說話，願意陪阿果玩，雖然我覺得只是因為你們沒有自己生的小孩的關係，總之即使是如此，還是好難得有這樣的環境。

還有還有，在這些年裡，給予我們物質與精神上支持的每一個家長與小孩，你們有時比我更擔心我的收入以及我的健康，用各種不讓我們覺得虧欠的方法照顧我們，讓我們家能夠繼續進行這個奢侈的教育實驗。

以及每一個在跟我合作的過程中，教會我許多事情的孩子，受苦的那些時刻，以及幸福的那些時刻。希望你們知道，我像你愛我那樣愛你，有時還更多一點。

國家圖書館出版品預行編目(CIP)資料

懶得教,這麼辦:培養獨立自主的全自動孩子,百善惜為先的教育筆記 / 盧駿逸作. -- 初版. -- 臺北市:遠流, 2019.01
208面 ;14.8x21公分. -- (綠蠹魚 ; YLP26)
ISBN 978-957-32-8421-5(平裝)
1.親職教育 2.子女教育
528.2　　107021328

綠蠹魚 YLP26

懶得教，這麼辦

培養獨立自主的全自動孩子，百善惜為先的教育筆記

作　　者　盧駿逸
封面題字　盧果
封面插畫　潘家欣
封面設計　海流設計
內頁排版　海流設計
責任編輯　沈嘉悅
副總編輯　鄭雪如
媒體協力　方格子vocus

發 行 人　王榮文
出版發行　遠流出版事業股份有限公司
　　　　　100臺北市南昌路二段81號6樓
　　　　　電話　(02)2392-6899
　　　　　傳真　(02)2392-6658
　　　　　郵撥　0189456-1
著作權顧問── 蕭雄淋律師

2019年1月1日 初版一刷
售價新台幣320元(如有缺頁或破損，請寄回更換)

ISBN 978-957-32-8421-5

遠流博識網 www.ylib.com　E-mail: ylib@ylib.com
遠流粉絲團 www.facebook.com/ylibfans